LES PEINTRES NÉERLANDAIS
DU XIXME SIÈCLE

SOCIÉTÉ FRANÇAISE
D'ÉDITIONS D'ART
L.-HENRY MAY
RUE SAINT-BENOÎT. 9 & 11

LES PEINTRES NÉERLANDAIS

DU

XIXème SIECLE

LES PEINTRES NÉERLANDAIS

DU

XIXᵉᵐᵉ SIÈCLE

ÉDITÉ SOUS LA DIRECTION

DE

MAX ROOSES

Conservateur du Musée Plantin d'Anvers.

Traduction de GEORGES EEKHOUD.

PARIS

SOCIÉTÉ FRANÇAISE D'ÉDITIONS D'ART

L. HENRY MAY

ÉDITEUR DES COLLECTIONS QUANTIN.

Imprimerie à vapeur Amst. Boek- en Steendrukkerij, v/h. Ellerman, Harms & Cᵒ., Amsterdam.

TABLE DES MATIÈRES

ILLUSTRATIONS HORS TEXTE.

INTRODUCTION.

Lorsque l'éditeur m'invita à écrire une introduction pour cet ouvrage, je m'empressai d'accepter son offre et je n'eus pas de peine à rassembler les matières à traiter dans cette préface. L'ouvrage comporte une longue et riche série de morceaux détachés, sur les meilleurs des peintres néerlandais modernes, dus aux plumes les plus autorisées. Ces morceaux consistent en confidences et impressions fournies, par des intimes, sur la vie et l'art de personnalités avec lesquelles ils vivaient en commerce familier, dans l'atelier desquelles ils assistèrent à la création des œuvres dont ils nous entretiennent, de la bouche desquelles ils tiennent les faits et les appréciations qu'ils nous communiquent; ce sont, pour ainsi dire, des médaillons dessinés d'après le modèle vivant, présentant la spontanéité et le piquant d'un croquis enlevé par un observateur ayant étudié son personnage non seulement *de visu*, mais aussi *de auditu*.

Dans ces conditions le caractère de mon travail était tout tracé. Les notices rassemblées en cet ouvrage ne sont réunies par aucune vue d'ensemble; chaque peintre y est apprécié pour lui-même et isolé de ses voisins: il remplit tout le cadre; nul ne se dresse à côté de lui; nul ne lui est opposé ou assimilé; il ne semble rien exister hors de lui, ni ancêtres, ni contemporains, ni école étrangère, ni tradition nationale. Et pourtant, il est certain qu'aucun artiste, quelque grand, quelque original qu'il soit, ne peut échapper à l'influence de son temps, de son milieu; nul ne peut être jugé en toute connaissance de cause si on s'avise de faire abstraction de ses devanciers et de l'isoler de son entourage. Sa supériorité résulte de la comparaison, ses mérites sont mis en lumière en les rapprochant de ceux de ses confrères; sa personnalité s'impose et se dégage lorsqu'on met son art en présence de celui des autres et lorsqu'on montre en quoi il diffère de ceux qui lui sont supérieurs ou inférieurs. Ma tâche consistait non seulement à indiquer l'analogie et la différence entre les peintres contemporains, mais aussi à montrer ce qui les rapproche et les différencie des maîtres anciens; il m'était réservé de fournir le lien qui réunit les épis moissonnés par tant de bons ouvriers de manière à en former une gerbe compacte et harmonieuse.

En jetant un regard d'ensemble sur l'école néerlandaise moderne, nous en constatons d'emblée le caractère saillant, l'originalité manifeste, et nous reconnaissons aussi le pas vigoureux qu'elle a fait faire à l'Art. Et pourtant elle ne représenterait pas un art original si elle n'abondait en nuances, en particularités personnelles, si elle ne nous offrait quantité de capricieuses bifurcations à côté de la grande voie qu'elle ne cesse de poursuivre. Elle ne représenterait non plus un art national, un art naturel et rationnel, si elle ne luttait et ne se développait sur son propre terrain, si elle n'y trouvait pas la semence qui l'a fait germer et les sucs dont elle s'est nourrie.

Ceci demande un mot d'explication :

L'École néerlandaise qui précéda directement l'école actuelle offrait une double origine : elle était à la fois fille du romantisme français, donc sœur du romantisme belge, et petite-fille de l'art français du premier Empire. Le groupe de ses peintres de figure du commencement de ce siècle procédait, de même qu'en Belgique, de l'art français néo-classique et, jusqu'en 1850, ces peintres se recommandaient des David, des Gros et des Girodet. Les représentants les plus connus de cette école ont été, en Hollande, Jan Willem Pinneman et, en Belgique, Van Brée, Navez et Paelinck.

Cette école disparut sans laisser d'autre trace que l'exemple d'une conception sérieuse de l'art et d'un profond respect pour celui-ci.

A cette école succéda le romantisme qui avait à sa tête, en France, Eugène Delacroix, Horace Vernet, Decamps ; en Belgique, Wappers et de Keyser ; en Hollande, Huib van Hove, Herman ten Kate, Charles Rochussen, Stroebel en Van Trigt.

Cette école déserta les sentiers académiques de ses prédécesseurs, tout comme le romantisme littéraire elle déclara la guerre à la poésie classique. Non seulement on mit au rancart les héros de l'antiquité ressuscités par la Renaissance et préférés durant trois siècles à ceux des temps modernes, mais on rompit aussi avec la raideur du style académique emprunté à la statuaire antique par David et les peintres français du premier Empire. On était excédé pour le quart d'heure, des héros de Rome, d'Athènes et de Jérusalem et l'on cherchait dans les grandes époques du moyen âge et de l'histoire nationale des sujets de tableaux à traiter dans le style épique ou dans une note plus familière. La littérature avait pris l'initiative de ce mouvement, et, avec Walter Scott, Schiller, Victor Hugo, la peinture romantique adoptait pour ses héros favoris, des chevaliers dévoués au service de leurs belles, des citoyens combattant et mourant pour le droit et la liberté, des patriotes se résignant à tous les sacrifices pour assurer l'indépendance du sol natal. On dépouilla la toge, le peplum et d'autres draperies de forme indéterminée pour endosser l'armure et ceindre le heaume ; pour revêtir le pourpoint bizarre et se coiffer de la toque à panache, de même qu'on proscrivait les pastiches des temples et des palais de l'antiquité pour s'adonner exclusivement, en fait d'architecture et de mobilier, au style gothique et au bric-à-brac moyenâgeux.

Un autre affluent vint alimenter en Hollande l'impétueux courant romantique. L'école néo-classique, aux formes majestueuses mais froides, avait attaché plus d'importance à la ligne qu'à la couleur. Elle cherchait ses modèles chez les grands Italiensdes XVe et XVIe siècles. Mieux inspirée, l'école nouvelle retourna à l'étude des maîtres nationaux de l'âge d'or hollandais et se reprit d'un regain de sympathie et d'enthousiasme pour la couleur opulente, la chaude lumière et les tons harmonieux. En étudiant les successeurs de ces romantiques hollandais on s'aperçoit de leur admiration pour les effets de lumière et de couleur de Rembrandt et de Hooch, de Gérard Dou et Terburg.

Ils ne se bornèrent pas à puiser leurs sujets dans l'histoire des époques féodales et révolutionnaires, mais ils traitèrent des scènes et des épisodes de la vie contemporaine prêtant à leur goût pour les riches couleurs, la chaude lumière et la savoureuse mise en œuvre. Ils firent un grand pas vers l'observation de la vie journalière, vers un commerce d'art avec leurs contemporains vêtus et vivant comme eux.

A ce groupe appartiennent Hubert van Hove, qui le tout premier se retrempa dans le culte des vieux maîtres et s'efforça de renouer les saines traditions interrompues; Charles Rochussen qui rendit la vie et le souffle à l'art anémié et engourdi de ses prédécesseurs, qui s'inspira des souvenirs du passé national pour en tirer d'innombrables tableaux traités avec une verve, un ragoût et une fantaisie incomparables; Stroebel, séduit particulièrement par les jeux de la lumière et de la couleur et qui en rendit les prestiges non seulement avec ferveur mais aussi avec un sentiment juste; Herman ten Kate et Van Trigt, ces peintres qui ont rapporté si magistralement sur la toile, nombre d'épisodes romantiques empruntés à l'histoire.

A ce groupe appartenait aussi, en ses premières œuvres, Josef Israëls. Comme la plupart des artistes de son temps, il subit durant ses années d'études non seulement l'influence des romantiques hollandais, mais aussi celle de leurs émules d'Anvers et de Paris. Ses premières œuvres appartiennent au genre historique, mais après ce sacrifice fait au génie de l'époque, il se laissa emporter par le grand courant de renouveau universel non sans prendre conseil aussi de ses voix intérieures, et il chercha désormais la beauté et la poésie en la vérité. A sa première époque succède, dans sa brillante carrière, une période d'intimisme, de communion avec ce qu'il y a de délicat, de discret, d'aimable dans la création; c'est le temps où il observe et recueille en ses toiles les jeux de la lumière et des couleurs avec la nature printanière et la blondeur rose des enfants; c'est le temps de ses „enfants de la mer", de ses „femmes de pêcheurs", de la „petite tricoteuse". Plus tard ses conceptions deviennent plus sérieuses et plus sérieuse aussi la portée de son art. Ce n'est plus la radieuse nature qu'il nous montre, mais bien la nature mélancolique; ce n'est plus le triomphe de la lumière, mais la lutte entre la clarté et les ténèbres. Son sentiment s'affine en même temps que son œil: de même qu'il n'est fibre si délicate du cœur humain dont il ne parvienne à ressentir la vibration dans son propre cœur; de même il n'est chatoiement, éclat, opposition ou dégradation de couleur, scintillement, filtration ou réverbération de la lumière, qu'il ne puisse surprendre et transposer sur sa toile.

Son influence fut énorme. Il eut vite fait de détrôner le sujet historique et anecdotique qui régnait autrefois sans partage dans le royaume dit de la grand peinture. L'action, le sujet, l'ordonnance, la ligne même passèrent à l'arrière plan. La vie intérieure et l'émotion de ses personnages devint l'élément principal. Mais aussi excellait-il par la pensée et le sentiment! Il suscita une véritable révolution dans la peinture, parce qu'il renversa les rôles de la couleur et de la lumière. En effet celles-ci ne se font plus valoir par leur force, leur éclat, leur existence propre; non, elles se fondent, se pénètrent l'une l'autre, pour s'harmoniser en un ensemble où tout s'anime, palpite et respire; où rien ne domine et ne réduit le reste au silence.

Il a réalisé une œuvre d'affinement et de *dématérialisation* que personne, avant lui, à l'exception de Rembrandt, n'avait poussée aussi loin. Les autres, qu'ils s'appellent Hals ou Rubens, Decamps ou Delacroix, demeurent, quoiqu'ils fassent, des matérialistes comparés à Israëls tel qu'il ressort de ses dernières œuvres. Il dégage la poésie de la vie; une poésie assez morne, j'en conviens, mais une poésie simple, pénétrante, émouvante. De même dans l'atmosphère il verra la lumière et la couleur couver et poindre, lutter timidement, souffrantes et confuses, ne prenant jamais, comme chez les autres, brutalement et despotiquement, possession de leur royaume.

Israëls a rencontré beaucoup d'imitateurs. La prédilection qu'on avait témoignée aux beaux temps du romantisme pour les riches couleurs et l'éclat éblouissant, tels qu'on les constate chez les maîtres d'alors, fit place à des tonalités et à des éclairages plus discrets, plus réservés, plus conformes à la nature dans laquelle les oppositions et les repoussoirs violents forment l'exception.

La groupe d'admirateurs du maître qui contemplèrent le monde de la même façon quoique par leurs propres yeux, forme le noyau le plus caractéristique et le plus méritant de la jeune école hollandaise. A leur tête se trouvent Blommers et Valkenburg, Neuhuys et Artz, qui ne conçoivent point la vie d'une façon si mélancolique, qui ne nous montrent point la lumière et la couleur si obstinément combattues et contrariées par leurs ennemis et leurs assiégeants, mais qui se plaisent au contraire à laisser briller le soleil et qui lui décernent la victoire chaque fois qu'ils le mettent aux prises avec le mystère et les ténèbres.

Comme il fallait s'y attendre et ainsi qu'il sied à une école d'art qui se pique de vitalité, contre les adorateurs du crépuscule et des sourdines entrèrent en lice les partisans des consistances, de la vigueur et de l'éclat; ce fut, par exemple, Breitner, qui voit les êtres et les choses en couleurs plus fermes et plus précises, et qui excelle à rendre dans ses toiles la vie intense et les mouvements énergiques. De Josselin de Jong, le portraitiste si fin de sentiment et de rendu, se fait de la vie une notion plus reposée et plus discrète; et Wittkamp, lui, s'efforce, sainement, de concilier la noblesse et la vérité.

La peinture de Thérèse Schwartze, une peinture large, à la touche moelleuse et à la couleur sobre, ne traduit pas uniquement la vie physique et matérielle des hommes, mais rend aussi leur vie psychique et idéale; tandis que Van der Waay, en ses aquarelles lestement et nerveusement enlevées, semble vouloir prendre la vérité sur le fait.

La peinture de paysage subit une révolution analogue à celle qui se produisit pour la figure. Les grands paysagistes du commencement de ce siècle s'appellent Kobell, Koekkock, Schelfhout. Les deux premiers s'étaient plutôt formés par l'étude des anciens maîtres du genre, que par l'observation directe de la nature. Le troisième seul avait vu plus de paysages aux champs qu'à l'atelier. Mais leur idéal commun consistait en une facture soigneuse, poussée jusqu'à la minutie, jusqu'au plus infime détail. Leurs paysages étaient plutôt des décors se recommandant par le choix et la disposition des fermes, des groupes d'arbres massifs au bord d'une pièce d'eau avantageusement éclairée. Ils s'ingéniaient à flatter les yeux au moyen de tableaux aimables, abondant en détails. Leurs œuvres d'une facture méritante, décelant une réelle pratique de la forêt et de la prairie, pèchent par un je ne sais quoi d'apprêté et de conventionnel; on dirait des paysages revus et corrigés.

Leurs élèves héritèrent de leur amour pour la nature, mais ces élèves s'efforcèrent de rendre sincèrement leur propre impression et non point de répéter l'impression des maîtres. Les adeptes de la nouvelle école considérèrent comme accessoire ce que leurs devanciers appelaient le pittoresque d'un site. Ils cherchèrent et découvrirent le charme particulier, la poésie pénétrante d'un paysage dans un faire large et vivant plutôt que dans une exécution pointilleuse et mesquine. Ils peignirent la nature sans fard et sans apprêts, la trouvant belle et poétique en toute saison, à toute heure et sous ses aspects les moins compliqués.

On peut dire de ces maîtres nouveaux qu'ils découvrirent le paysage hollandais, sur les traces de l'école de Fontainebleau qui, la première, avait appris à sentir la nature, à comprendre le battement de son cœur. Mais ils procédèrent d'une façon plus simple et, en quelque sorte, plus cordiale que leur précurseurs français. Ils surent surtout apprécier l'atmosphère humide, l'air diaphane et vaporeux, la buée universelle qui, pour employer l'expression d'Hippolyte Taine, fait autour des objets une gaze moite, même dans les plus beaux jours. Ils s'initièrent aux mirages de la lumière qui filtre à travers cette buée, lumière si fine, si ténue que tout ce qu'elle caresse semble entouré d'une évaporation de perles.

Bilders se poussa au premier rang. Il ne s'en tint point à admirer dans le paysage le point principal, le foyer d'attraction, par exemple la pièce d'eau suggestive rehaussée par le voisinage d'une vache bigarrée, mais il embrassa le champ, le bois, l'abreuvoir en une seule masse, en un ensemble émouvant, en une harmonie de lignes imposantes et de tons savoureux. Willem Roelofs fit encore un pas en avant. Ses premières productions diffèrent à peine de celles de ses prédécesseurs, mais peu à peu il s'affranchit de la convention et s'affirma novateur. La couleur, la jolie ordonnance d'un site ne suffirent plus pour le conquérir comme autrefois, le pays le charma par lui-même, par son essence propre, et ce charme opérait dans le moindre bouquet d'arbres, dans la végétation la plus banale en apparence, dans n'importe quel bétail au pâturage, dans ce ciel toujours prestigieux, dans cette lumière et ces nuages éternellement beaux.

Nombreux furent les peintres qui s'engagèrent dans sa voie, toute une école: Van de Sande Bakhuyzen qui se recommande par une facture plus simple que celle de Bilders; Mme Bilders van Bosse et Mme Mesdag qui peignent avec une ampleur et une vigueur quasi-viriles; Van Borselen qui abandonne le style un peu gourmé de Schelfhout pour une touche plus moelleuse et une lumière moins matérielle; Stortenbeker plein de simplicité et non dépourvu de grandeur; Gabriël rendant avec une justesse déconcertante non seulement l'air et la terre mais même l'élément humide; Jan Vrolijk qui fait paître ses vaches plantureuses dans des paysages largement conçus, sous des ciels ensoleillés; de Haas qui bâtit son bétail d'une manière plus massive; du Chattel qui cherche de préférence ses effets de lumière au printemps et à l'automne; Apol qui se confine dans l'étude des effets de neige et produit des impressions variées et inattendues dans des toiles qu'on croirait monochromes; Mari ten Kate pour qui le sujet, la composition sont quantités secondaires sinon négligeables : de Bock qui chérit la nature et la fait aimer en ses plus puissants enfants, les géants de la forêt, et qui s'entend à nous représenter la nature hollandaise sous tous ses aspects et toutes ses faces; la dune comme la prairie, la rivière et la mare, la campagne ensoleillée comme la campagne brumeuse, le crépuscule aussi bien que le clair de lune ; Wijsmuller qui se sent attiré, lui aussi, par la multiplicité de ces aspects de la patrie et qui les interprète avec une ferveur non moins patriale ; Weissenbruck, non moins réceptif et accessible à toutes les séductions de la nature et qui la décrit en poète sûr de son métier; Tholen qui rend intéressant le moindre coin auquel il s'arrête, tant ses pinceaux prêtent de relief aux êtres et aux choses, aux milieux et aux personnages.

Un pas en avant encore dans la direction moderne est celui que font des maîtres sacrifiant encore davantage l'apparence, la forme du paysage à l'impression que celui-ci dégage. C'est, par exemple, Ter Meulen, qui aime la nature à cause du sentiment qu'elle éveille en lui. Il ne lui laisse de matérialité que tout juste de quoi donner l'illusion de la lumière et de la couleur, mais quelles évocations subtiles et pénétrantes, quelle fluidité, quel bain de nature !

Cette conception du paysage et de ce qui s'y meut trouva ses interprètes les plus doués en Antoine Mauve et les frères Willem et Jacques Maris. Que Mauve nous peigne un troupeau de moutons dans l'herbe des dunes, une barque sur la grève, ou un intérieur de paysan, ou qu'il traite tout autre sujet de cette simplicité, d'aucun diront de cette insignifiance, sa façon de peindre leur prêtera une signification allant jusqu'au prestige; on peut dire de lui qu'il a porté la peinture à son apogée, à son triomphe; cette peinture de Mauve parvient à rendre par la couleur et dans toute sa valeur tout ce qui existe, tout ce qui vit et tout ce qui se meut dans le monde exté- rieur : elle fait mieux encore, elle parvient à pénétrer jusque dans l'intimité des choses et à réfléter, à traduire avec émotion et lucidité ce que artiste a vu et éprouvé; et tout cela avec une extrême simplicité de moyens; sans recherche, sans affectation.

Willem Maris est moins simple dans son art. Il peint la vache, la merveilleuse vache de Hollande, le thème favori, inépuisable des maîtres Hollandais, la vache créée des centaines de fois et chaque fois avec autorité, de façon définitive, et se prêtant néanmoins à des créations nouvelles, inédites. Paul Potter, Berchem, Karel Dujardin et Albert Cuyp, et combien d'autres encore, l'ont célébrée et divinisée il y a deux siècles; en ce siècle Kobell et Koekkoek et Tom, ainsi que leurs contemporains précités, possédés du même amour national l'ont déclarée et confessée, avec une ardeur et une foi non moins touchantes. Le bœuf Apis ne compta jamais adorateurs aussi fanatiques que ceux de la patriar- cale vache de Hollande. Willem Maris s'est joint à la légion de ses adorateurs; et son acte d'adoration n'a pas ressemblé à celui des autres. Ses vaches, comme ses canards, vivent dans l'air et la lumière, on dirait presque qu'elles en vivent; ce qu'il y a de lumineux, de rayonnant, d'humide, de ferme dans l'air, la plante, le sol et l'eau, tout cela se confond, et se résout en un seul élément lumineux, transparent, dont semble précisément formé le corps de ses vaches. Jamais Dujardin ne parvint à faire luire si finement la robe de ses bestiaux ou faut-il croire que ces vaches mêmes de Mauve dégagent cette éblouissante lumière ? Hobbema lui-même n'a pas trouvé pour ses ciels les rehauts de lumière que Mauve accroche aux flancs de ses glorieuses génisses.

Mais c'est en Jacques Maris que le triomphe de la peinture immatérielle atteint son plus haut période. Rien ne subsiste plus que la clarté et la couleur. Le plus souvent les objets se sont évanouis, un magicien semble les avoir dissipés en vapeurs ; rien ne subsiste plus de leur apparence corporelle que la tache qu'ils faisaient dans l'atmosphère, où ils n'ont plus d'autre raison d'être que celle de rappeler un ton ou une nuance de couleur. Les peintures de Jacob Maris sont autant d'hymnes à la déesse Lumière, l'unique dispensatrice des formes et des apparences. Jamais peintre n'a réfléchi aussi magistralement l'éther argenté, le limpide et radieux éther de Hollande et le blanc duvet des nuées imprégnées d'azur ; nul n'a métamorphosé comme lui un moulin à vent ou une chaloupe grossière en un joyau de pierreries.

Toutefois il serait abusif de voir dans ces tendances spéciales tout le courant d'art néerlandais. A côté de ces luministes et coloristes absolus s'imposent nombre d'artistes de talent, excellant dans le genre et avec les moyens qu'ils ont adoptés.

Bosboom accuse le plus de parenté avec ces hérauts de la lumière et de la tache, quoique durant la plus grande partie de sa longue carrière il ait consacré son remarquable talent à nous peindre des intérieurs d'antiques églises. La lutte de la clarté et de l'ombre sous les voûtes et entre les piliers de ces vénérables sanctuaires dont le seul ornement consiste en ces jeux de la lumière, l'impression austère et touchante que ces temples de la vaste communauté nationale exerce sur nos âmes, ont été rendus par Bosboom d'une façon véritablement émouvante, avec une autorité de métier, une maîtrise technique qui n'ont point été éclipsées jusqu'à ce jour.

Après lui, mais à distance très respectueuse, se rangent les peintres de vues de villes : Klinkenberg, l'héritier direct de Van der Heyde qui se complait à observer et à rendre le joyeux rayonnement du soleil sur les pittoresques rangées de façades hollandaises le long des canaux dormants ; Jansen que réclament plutôt les docks d'Amsterdam dont ses pinceaux retracent vigoureusement les croupes de navires et les perspectives d'entrepôts.

Le plus éloigné de la pléiade imposante de ses compatriotes se tient Alma Tadema, dépaysé non seulement par son long séjour à l'étranger, mais aussi par sa manière toute différente. L'influence de l'anversois Leys, l'évocateur saisissant des temps féodaux et communiers, le merveilleux visionnaire du passé flamand, et aussi le goût du public anglais pour la peinture solide, colorée et opulente fortifièrent encore ses dispositions naturelles et contribuèrent à faire de lui le *ressusciteur* universellement admiré des tableaux d'un passé depuis longtemps révolu et particulièrement des mœurs et des intérieurs de la civilisation romaine. Dans ces restitutions il apporte la même exactitude mais aussi la même divination que le baron Leys dans les siennes, et, par l'harmonie et l'aristocratie de la couleur, il peut rivaliser aussi avec l'illustre peintre flamand.

Il convient de citer à côté de lui, comme coloriste, Bisschop qui n'est pas un moindre adorateur et trouveur des tons chauds et des nuances précieuses et qui ne se lasse de nous les montrer dans leur rayonnement, leur floraison la plus complète.

Une place spéciale revient, dans cette phalange de beaux peintres néerlandais, à David Bles, le Madou hollandais et comme son émule de Belgique le spirituel annotateur des mœurs d'il y a cent ans, mais qui l'emporte sur son précurseur par l'éclat de la couleur et de la lumière; à Henriette Ronner l'amie de nos camarades à quatre pattes, qui a observé d'un œil à la fois artiste et naturaliste les faits et gestes de Médor et de Minet et qui a „pourtraicturé" ses favoris avec autant d'humour que de sympathie; à Henkes qui passe des études de mœurs d'autrefois au crible d'une humeur un peu grise; à Bakker Korff qui prête au même monde la préciosité mais aussi la coquetterie pimpante et même friponne des miniaturistes de la belle époque; citons aussi les frères Oyens qui racontent sincèrement et savoureusement, en peintres sensuels, les modèles de leur entourage; Elchanon Verveer qui ne se lasse point de nous redire la bonhomie croustillante de ses braves vieux pêcheurs se reposant en bavardant au soleil de la grève; Sadée qui montre un souci tout moderniste dans le groupement pittoresque de ses personnages; M Mᵐᵉˢ van de Sande Bakhuyzen et Roosenboom dont les fleurs et les fruits créent à nouveau la couleur appétissante et les formes exquises de la réalité; Kerelman et Van Essen, les excellents animaliers; Allebé, le généreux coloriste, aussi remarquable lorsqu'il peint la figure humaine que lorsqu'il se mesure avec les animaliers; Kaemmerer, dessinateur hors ligne et extraordinaire metteur en scène, faisant porter à ses personnages les modes du Directoire comme s'il avait assisté à la toilette et aux parties fines des incroyables et des merveilleuses.

A mettre à part ou plutôt hors de pair encore, Henri Willem Mesdag, le peintre de marines. Dans un genre qu'illustrèrent dans le passé les Willem van de Velde et les van Capelle, sans parler des Louis Backhuysen et des Bonaventure Peeters, il parvint à introduire une réforme radicale, ou, pour employer l'expression de Victor Hugo parlant de Baudelaire, il introduisit dans la peinture de marine un frisson nouveau. Au commencement de ce siècle, il avait été précédé de gens de renom tels que Schotel, Waldorp, Meyer, Greive, van Heemskerck van Beest, van Deventer; mais le plus grand souci de ces peintres estimables avait été de demeurer fidèles aux traditions du grand siècle; ils faisaient voguer sur une mer lisse et lustrée comme une nappe de damas des amours de petits bateaux recueillant dans leurs voiles blanches les rayons du soleil doré et le souffle tiède des zéphyrs marins; ou bien, amateurs d'antithèses, ils exposaient de frêles esquifs ou d'imposantes frégates à la furie des ouragans et des vagues écumantes. Mais le calme plat était aussi artificiel que la tempête, l'eau était de verre, les bateaux de fer blanc, le ciel de toile cirée, et les meilleurs d'entre eux n'ayant jamais senti vivre la mer ne pouvaient donner l'impression de cette vie.

Le grand mérite de Mesdag fut d'avoir, le premier dans son pays, vu la mer telle qu'elle est et de l'avoir peinte telle qu'il l'avait vue: houleuse et agitée, puissante et infinie, caressante et folâtre, mystérieuse et majestueuse. Tous ces attributs de l'océan, qui, même accumulés, ne sauraient parvenir à le représenter, furent concentrés magiquement dans la peinture de Mesdag. Il nous en conta les caprices et les tourmentes avec des yeux extatiques et l'émotion d'un loup de mer puis incidemment, il nous narra aussi la vie des pêcheurs et des matelots. Lui seul connaît la composition et la couleur de l'eau, lui seul a contemplé, pour ne plus jamais en oublier les prestiges, les cieux qui se déroulent au-dessus des ondes mobiles avec une égale mobilité; il a dit adieu à ces bateaux de plaisance qui sont aux vrais navires ce que les villas bourgeoises de la banlieue sont à d'historiques châteaux, et il n'a plus voulu peindre que des péniches ou des sloops de pêcheurs, ces chaumières de l'océan. Sa peinture est virile, donc digne de l'élément qu'il célèbre, large comme... le large et, quoique un peu opaque comparée à celle des luministes de la dune et de la prairie, dont je parlais plus haut, admirable cependant, et absolument novatrice.

Ainsi qu'on le voit par cette rapide revue des chefs de file, des peintres d'avant-garde, l'ensemble de l'école hollandaise ne présente aucune uniformité, aucune monotonie. L'originalité et la personnalité n'y subissent le joug d'aucun style officiel, d'aucun art d'Etat — comme on dit religion d'Etat. Nul ne s'incline devant une règle sacro-sainte et n'obéit à un mot d'ordre. Il est heureux qu'il en soit ainsi. Il en résulte cette variété, cette vitalité, ce progrès constant. Toutefois l'école néerlandaise se distingue des autres par quelques qualités communes et quelques tendances traditionnelles, qu'il convient de signaler :

En tout premier lieu elle est, en son ensemble, une école de peintres absolus, de peintres adorant la peinture pour elle-même et n'ayant d'autre objectif. Ainsi que je l'ai constaté dans cette rapide analyse: le sujet passe à l'arrière plan, finit même par disparaître; on voit les objets tels qu'ils se présentent, en eux-mêmes, avec leurs lignes et leur couleur. Il n'est question pour le quart d'heure — et cet état de choses peut se prolonger longtemps encore — ni de l'esprit critique qui observe, compare, choisit, opère un triage, corrige et embellit; ni de l'imagination et de la fantaisie littéraires qui pénètrent les âmes, étudient le jeu des passions, interprètent les sentiments humains; ni de la science qui met au service du peintre des révélations et des documents pittoresques et exacts sur les époques révolues et les mœurs abolies. Tout cela n'importe plus, n'entre guère en ligne de compte, n'a rien de commun avec la peinture telle qu'on la comprend à présent en Hollande. On demande de plus en plus à cette peinture de nous rendre les choses, non pas d'après les traditions et les recettes du passé, mais telles qu'on les voit, qu'on les sent, qu'on les comprend soi-même; telles qu'elles se présentent en toute sincérité et franchise, avec leur couleur, leur teinte, dans leurs rapports avec les ambiances, baignées dans l'éther et la lumière, telles enfin qu'elles se manifestent à nos sens, affirment leur existence par la tache que leur couleur jette dans l'atmosphère.

Mais cette conception de l'art n'exclut point la poésie des œuvres de nos peintres. Bien au contraire : à aucune époque même on ne comprit quel infini de poésie réside dans la simple et vraie vie de l'homme et de la nature. Et les maîtres les plus directe-ment en contact avec la réalité, ceux qui semblent ne réfléchir que le prestigieux phénomène, ceux que nous vantons pour leur virtuosité de luministe et de coloriste, sont en même temps les poètes les plus sensibles à l'esprit des choses, à l'âme, au génie qui s'exhale de la matière.

Ils n'admettent la réalité machinale et mécanique; ils laissent agir la nature et les objets du dehors sur eux-mêmes, sur leur tempérament, sur leur sensibilité, mais ils s'efforcent d'épurer, d'affiner cette sensibilité pour la rendre plus accessible encore aux influences les plus subtiles et les plus mystérieuses du monde extérieur: ils éprouvent le besoin de perfectionner leur don d'interprétation, de *personnaliser* cette interprétation, afin de rendre de la façon la plus originale et la plus complète l'impression qu'ils ont subie.

L'interprétation minutieuse, le raffinement entraînent l'affectation, le maniérisme. Le moment fatal où s'annonce le jour de la décadence est encore bien loin et rien même n'en annonce · ou n'en fait prévoir l'approche. Au contraire l'école moderne répudie, rejette instinctivement tout ce qui ressemble à de l'affectation, et sa communion constante et absolue avec la nature, la façon dont elle épure ses créations aux sources mêmes de toute sincérité, de tout enthousiasme, sont la meilleure garantie contre cette dégénérescence.

Dans ses nobles efforts vers la beauté suprême, son amour, son culte pour la lumière, joue naturellement un rôle important. En général c'est la lumière blonde et argentée du pays natal, cette lumière qui prête tant de jeunesse, de fraîcheur et de joie à tout ce qu'elle touche, que recherchent les peintres hollandais actuels. Même dans les œuvres du plus fier représentant de l'école moderne et dans celles de quelques-uns de ses disciples, où le combat de la clarté contre les ténèbres représente le thème favori, l'attention avec laquelle sont suivies les péripéties de ce combat, la vigilance avec laquelle on épie chaque jet, chaque vibration, chaque reflet de la lumière, attestent quel culte on porte, quel amour on voue, quel rôle suprême on attribue à ce père de toute couleur, à cette source capricieuse mais bienfaisante de toute peinture.

Quoi que l'on en dise et quelque porté qu'on soit à le dénigrer, l'art de notre époque occupera certes un rang capital dans l'histoire. Certes, beaucoup, de ce qu'il aura produit périra et sera oublié, mais il aura produit des œuvres assez belles et assez durables pour être cité avec honneur. Parmi les écoles des divers pays, l'école hollandaise occupera une place originale. Elle ne possède pas, il est vrai, la variété de ses rivales, elle ne se sent point poussée à se risquer dans des expéditions grandioses, à entreprendre des explorations audacieuses dans les contrées vierges du monde artistique; mais, en revanche, elle ne cherche pas à éblouir les badauds et les snobs par un faux éclat; elle est exempte de tout charlatanisme, de tout cabotinage et de tout *puffisme;* elle est sincère, elle traduit loyalement ce qu'elle a profondément senti et dans son interprétation elle montre une virtuosité sans égale. Elle connait la peinture, le métier, comme pas une, et, ici, elle se montre la digne héritière, l'héritière fortement métamorphosée mais non dégénérée, de l'école nationale du grand siècle. Les sujets qu'elle traite sont simples, mais acquièrent une valeur inestimable par l'exécution; son coloris est sobre mais fin, de bon goût, sans rien de criard ni de tapageur. Cordiale et probe dans son essence et dans ses manifestations, elle joint à ces vertus domestiques les perfections plus relevées du grand art: une sensibilité exquise et le don subtil, le talent souverain d'interpréter le beau sans banalité et sans artifice. Elle est l'école dont, relativement, le plus grand nombre d'œuvres sont assurées de l'immortalité, parce qu'elle a créé en plus grand nombre que les écoles rivales des œuvres attestant un véritable, un noble génie artistique, des œuvres d'un mérite si transcendant qu'elles survivront à toutes les modes éphémères et résistront à tous les courants frivoles.

MAX ROOSES.

JEAN BOSBOOM.

PAR

P. A. M. BOELE VAN HENSBROEK.

La Cène dans la grande église d'Utrecht, d'après le tableau du musée Fodor.

JEAN BOSBOOM.

Joseph Bosboom, d'après un dessin de P. de Josselin de Jong.

C'était au mois de mars 1887. La communauté des peintres de la Haye avec ses
ramifications de lettrés et d'autres fervents du beau, les membres du Pulchri
Studio avaient encore leur temple dans cet antique „Courtil" du Nieuwkoop sur
le „Prinsengracht" où, durant tant d'années, ils célébrèrent leurs fêtes mémo-
rables : ce „Courtil" dont Sam. Verveer avait dit un jour qu'il était plus difficile
d'y avoir ses entrées qu'à la Cour même. Hélas, il allait être bientôt abandonné.

Là haut dans la petite rotonde avec son lambris élégant, son non moins
élégant carrelage, ses parois décorées de dessins et d'esquisses des membres

Coin de l'atelier du maître.

du „Pulchri", régnait toujours la plus cordiale humeur, mais le soir en question,
le milieu revêtait un caractère de gala inaccoutumé. Dans les coins se
dressaient des chevalets d'un modèle spécial sur lesquels se déployaient de

Coin de l'atelier du maître.

superbes natures mortes en … natures réelles, c'est à dire composées de vrais
paons et faisans, ainsi que de cygnes immaculés évoquant la grande peinture
de Weenix dans le Mauritshuis. Les murs étaient tendus de tapisseries d'après
les vieux maîtres humouristes de la Hollande. Le tout présentait un cachet

vieux Hollandais très prononcé. Tel devait être à peu près l'aspect de la salle des fêtes de la Ghilde de Saint-Luc d'Amsterdam, dans le Labyrinthe Saint-Georges, lorsque, le 21 Octobre 1653, Vondel y fut exalté et couronné.

Un vigoureux vieillard entouré de tous les maîtres de l'école Néerlandaise comtemporaine et d'un imposant concours d'amis et d'admirateurs présidait cette „Cène" artistique célébrée dans Pulchri. Ce vieillard était Jan Bosboom. Pulchri célébrait le soixantedixième anniversaire du maître avec tout le faste et la splendeur qu'elle a coutume de prodiguer en semblables circonstances, avec tout l'enthousiasme qu'un homme de la valeur de Bosboom peut éveiller dans des cœurs d'artistes. Que de libations et que de toasts! A un moment, des tentures s'étant écartées, on aperçut, dans l'encadrement d'une porte, une de ces églises si souvent peintes par Bosboom, tandis que s'élevaient en sourdine les accents d'un choral religieux. Emouvant et poignant hommage qui n'arracha pas des larmes aux seuls yeux du héros de cette solennité. C'est en cette mémorable

Coin de l'atelier du maître.

occasion aussi que M. Van Nieuwkoop fit entendre son discours suprême. Et quand le moment vint de se séparer, on proposa de faire escorte au héros de la fête jusqu'à sa demeure. Les membres de Pulchri, munis de flambeaux et de ballons chinois, se massèrent autour de la voiture de Bosboom. D'aucuns étaient grimpés sur le siège ou se tenaient aux portières. Le cortège traversa les principales rues de la ville. Ce fut un spectacle unique!

Cette manifestation aussi enthousiaste que simple et spontanée traduisait bien la sympathie profonde que tous ceux qui connaissent le maître-peintre éprouvent pour cet homme aussi grand que bon. Et qui donc à la Haye, ne le connaîtrait pas?

Bosboom naquit à la Haye le 18 fevrier 1817 et il y écoula pour ainsi dire toute son existence, tenu à juste titre par ses concitoyens, non seulement pour un des enfants célèbres, mais aussi pour une des personnalités les plus sympathiques de l'antique cité des Comtes. Durant combien d'années n'a-t-il point vécu de la vie de son peuple? Tout ce qui se produisait d'important, de grand et de beau dans sa ville natale, trouvait un écho dans son coeur. Il a assisté au règne et à la mort de plusieurs princes; d'innombrables ministères se sont succédé durant sa carrière; combien d'ambitieux a-t-il vu violenter la renommée pour sombrer ensuite dans l'oubli! Et lui seul est demeuré debout, à peine entamé par les ans, sans doute intimement convaincu de survivre à tous, certain que son nom sera encore prononcé quand l'écho de la plupart des autres se sera tu pour toujours, car Bosboom *sait* qu'il a produit beaucoup de belles oeuvres. Il a le courage de la fierté. Avec une simplicité et une conscience admirables, il vous dira, mieux que n'importe qui, les parties de son oeuvre où il excella et, mieux que n'importe qui, il en démontrera la beauté supérieure.

L'art de Bosboom est mystique. Il est de ces peintres-poètes dont le crédo rayonne dans leur oeuvre. De même qu' Israëls s'est fait le chantre de la vie intime des humbles, de même Bosboom a consacré son art à la vie des sanctuaires religieux. Ses pinceaux font aussi fervemment s'exhaler les „Ave Maria" des cœurs croyants dans les nuages d'encens des églises catholiques, qu'ils font résonner les psaumes dans les temples protestants et retentir

Coin de l'atelier du maître.

le nom redoutable de Jehovah dans les synagogues.

Jamais une église de Bosboom n'est vide. La chaire de vérité a beau y être déserte en apparence, vous y évoquez aussitôt le docteur en théologie aussi pieux que savant, du XVIe siècle, qui lutte avec acharnement en faveur d'une réforme de l'Eglise. Les bancs aussi ne sont abandonnés qu'en apparence. Bientôt vous les aurez repeuplés d'un troupeau de fidèles entonnant un hymne austère à la louange du Très Haut.

Bosboom possède jusqu'aux moelles l'histoire des guerres de religion et spécialement celle de la guerre sanglante mais glorieuse entre toutes, celle qui amena le triomphe de la liberté de conscience, c'est-à-dire *celle* de sa patrie. S'il vous arrive de causer avec lui et qu'il soit question du Taciturne, de la Hollande, de la *Liberté,* aussitôt sa voix prend un timbre, un accent particulier. Il parlera de Frédéric Henri en phrases fières, concises et incisives. Le mot Hollande prête à sa voix des intonations de ferveur filiale; et, à la seule évocation de la liberté, son enthousiasme se traduit par des discours où passent comme les accords du *Wilhelmus Lied.* C'est avec un optimisme, ou, si l'on peut dire, avec un sublime chauvinisme rétrospectif, qu'il parle de cette période glorieuse; il en retrace l'héroïsme et la grandeur avec un *génie* presque aussi admirable que celui dont s'imprègnent ses tableaux. Il entretient une foi profonde en la Hollande et seule la foi inspire des chefs-d'oeuvre.

Aussi chaque oeuvre de Bosboom est-elle un acte, une fonction de sa vie morale. Tandis qu'il peint la „Nouvelle Eglise" à Amsterdam, il songe à de Ruyter, à l'expédition sur Chatham, à cette bataille navale de quatre jours. Vient-il à représenter la tombe d'Engelbert de Nassau, dans l'église de Bréda, il songe au „batelier Mouring", cet autre Nassau, et à Héraugières; dans la synagogue d'Amsterdam, c'est l'ombre de Da Costa qui se dresse devant lui et qui lui murmure les vers de son ami Potgieter:

„Amsterdam réformée! toi l'heureuse mère de la fière communauté qui te dota d'une nouvelle vie! ton sentiment de l'humanité ne se montra jamais plus large et plus sublime que lorsqu'il souhaita la bienvenue à la Maison de Jacob!"

Et Bosboom est doublement encouragé dans ce sentiment, car s'il a puisé cette piété ardente dans son cerveau et dans son propre cœur, cette ardeur a constamment été entretenue au foyer conjugal, où il était assis avec Madame Bosboom-Toussaint. Tant que vécut cette noble compagne, il l'enveloppa de la plus tendre sollicitude, et à présent, il continue à lui vouer un culte où l'affection de l'époux se double d'une admiration d'artiste. Nul mieux que lui n'a compris et pénétré le talent de cette femme; il se l'est même si complètement assimilé, que ce talent a fini par faire corps avec le sien, à telle enseigne que les biographes de l'avenir ne pourront isoler Bosboom de son épouse ni parler de lui sans le détacher de ses côtés.

C'étaient bien là deux vibrantes âmes d'artiste réunies par une faveur du destin. A tous deux peut s'appliquer ce terme d'éminent dont on abuse un peu aujourd'hui: il écrivait avec ses pinceaux; elle peignait avec sa plume.

Quoiqu'il fût son cadet de cinq ans, ils entrèrent à peu près en même temps dans la carrière. La même année 1836, où Mademoiselle Toussaint écrivait

Coin de l'atelier du maître.

son *Almagro*, Jan Bosboom remportait la médaille d'or de la Société *Felix Meritis* pour sa „*Vue de ville avec chaland en partance.*"

Pour décrocher, à peine âgé de dix neuf ans, cette flatteuse distinction il lui avait fallu travailler ferme. La chance lui avait donné B. J. Van Hove pour voisin. Dès 1831 le jeune Bosboom avait fréquenté l'atelier de ce peintre. Il y eut pour camarades Sam Verveer et Huib van Hove. Epoque vivace et radieuse que celle où ces joyeux compagnons brossaient, sous la direction de leur maître, les décors des opéras nouveaux montés sur le théâtre de la Haye. En 1833 il peignait des vues du „Binnenhof" et d'autres coins de sa ville natale. Deux ans après il partit, avec une couple d'amis, pour la contrée du Rhin. Au nombre des toiles rapportées de cette excursion figure la vue prise du Pont de la Moselle, à Coblence.

Coin de l'atelier du maître.

Nous laisserons aux historiens de l'art le soin de dresser une liste complète des hotels-dieu et hospices qui inspirèrent à Bosboom ses poèmes de toile et de couleur. 1) Qu'il nous suffise de dire qu'on n'en compte pas moins de plusieurs dizaines entre Alkmaar et Malines, et de Midwolden à Trèves. Non seulement les églises, mais tout édifice, tout monument pittoresque lui est cher. Nous nous souvenons entre autres de la *Chambre du conseil des fabriciens à Nimègue*, du *Couloir de couvent à Clèves*, propriété du Dr. Van Rijckevorsel, lithographiés par Weissenbruch et gravés à l'eau-forte par Lefort. Nous nous rappelons aussi *Cantabimus et psallemus* du musée Fodor, et cette œuvre postérieure: *La chambre des échevins à Nieuw Loosdrecht*.

Il ne rencontra que deux fois, il y a des années, l'occasion d'illustrer un texte. Ainsi il fit en 1854, un joli dessin — hélas, médiocrement gravé sur acier par W. Steelink — pour servir d'entête au *Gideon Florensz* de sa femme. Ce dessin représente le héros du roman, en conversation avec Cosmo Peccarengis, sur les murs de l'Ecluse. On rencontre aussi deux ou trois fois une illustration due à son crayon dans les almanacs de luxe, à la mode il y a cinquante ans: l'une de celles-ci accompagne une page de sa femme; une autre orne, dans le calendrier de 1850, *La belle inconnue* du Dr. Van Koetsveld. Il est aussi l'auteur du frontispice pour la *Chasse aux Faucons* de son ami Van Zeggelen.

1) Une liste assez complète des œuvres de Bosboom jusqu'en 1880 se trouve dans *Nos peintres d'aujourd'hui*, *(onze hedendaagsche schilders)* de Vosmaer.

„Église à Trèves"
D'APRÈS UNE AQUARELLE
dans la possession de Mr. P. Stortenbeker

L'Église Saint Georges à Amersfoort, d'après l'aquarelle du maître.

Lorsque nous disons „son ami" nous n'entendons point par là qu'il existait une grande parenté d'art entre Bosboom et Van Zeggelen, deux personnalités qu'on peut à peine rapprocher lorsqu'il s'agit de simplicité et de vérité; — mais Bosboom rencontrait régulièrement Van Zeggelen à *l'Oefening Kweekt Kennis*, un cercle dont Bosboom était et a continué d'être un des membres les plus fêtés, voire un des commissaires. Une des caractéristiques de Bosboom, c'est sa sympathie, son besoin de collaboration. Il s'éprend de tout ce qui est bien et beau, et il épouse avec ardeur et même avec passion tout objet qui lui va au cœur. Causeur brillant, c'était aussi un conseiller écouté aux réunions de *l'Oefening* et, en matière de critique d'art, c'était le plus souvent son avis qui prévalait.

Scheveningue, d'après une esquisse.

En 1863, Bosboom fut un certain temps l'hôte du chevalier van Rappard au château de celui-ci, près d'Utrecht. Là il puisa maints motifs, maintes observations de la vie rustique, qu'il interpréta plastiquement avec une originalité sans égale. Plus tard, en 1882, le ménage Bosboom séjourna tout un temps au riant village de Zuidlaren, où Bosboom prit de nombreux croquis de paysanneries et de paysages qu'il traita par la suite à l'aquarelle.

C'est de cette période aussi que date *l'église de Midwolda*, avec son admirable mausolée sculpté en 1660 par Verhulst, et une esquisse de l'église de Haeren d'après laquelle Bosboom fit le dessin envoyé au salon de 1891 de „Pulchri Studio".

En 1869, lorsqu'il fut question de démolir la porte de la Prison à la Haye, il fit, en manière de souvenir mais simultanément en guise d'éloquent plaidoyer

L'Église d'Alkmaar, d'après une aquarelle de Bosboom, appartenant à
M. W. Mesdag de La Haye.

pour la conservation de ce monument, le superbe dessin reproduit dans l'album
du *Nederlandschen Spectator*.

En ces dernières années, la série des tableaux de Bosboom s'est faiblement
augmentée, surtout si on compare à ces rares derniers tableaux l'abondance de
ses dessins. Parmi ses petits tableaux récents il convient de citer avant tout
autre *l'Oremus et cantabimus* de la collection du Dr. Blom Coster, l'amateur
qui possède aussi deux des plus merveilleuses aquarelles du maitre: la *Vue de
la plage de Scheveningue* et la *Chambre des Echevins à Nieuw Loosdrecht*, déjà
nommée. Au Musée on admire son grand dessin *l'Eglise d'Alkmaar*, la perle
du Salon de la société des artistes-dessinateurs de la Haye, il y a quelques
années, où Bosboom exposait aussi *Le choeur de la grande église de la Haye*
et *Eene schilderijen-auctie*, deux merveilles d'émotion et de „faire".

L'importante planche reproduisant ce dessin et accompagnant notre texte ne
donne qu'une faible idée de la splendeur de l'original. Avec quelle légèreté,
avec quel essor, dirait-on, les colonnes s'élancent vers le ciel, et avec quel talent
le peintre a tiré parti des proportions du lustre pour donner une idée de la
hauteur des nefs! Croirait-on que c'est à un pur hasard que nous devons la
possession de ce chef-d'œuvre? Il y a des années, Bosboom en crayonna
l'esquisse sur un bout de papier à calquer. Longtemps ce premier „état" fut
oublié et perdu dans l'atelier de l'artiste. Un jour il remit, par hasard, la main
dessus, et le trouva digne d'être repris d'une façon définitive. Il fixa le calque
sur un autre papier, retoucha et caressa le dessin primitif et du croquis

Sur l'estran à Scheveningue, d'après un dessin.

sommaire sortit la merveille qui fait l'admiration des visiteurs du musée Mesdag.

La commémoration de l'assassinat du Taciturne, en 1584, appela Bosboom à

Delft, où il dessina le mausolée de la victime de Balthazar Gérard pour un album entièrement consacré à l'apothéose de l'illustre fondateur de l'indépendance de la Néerlande. Bosboom dessina aussi pour le même album l'escalier du Prinsenhof, théâtre du régicide, avec ces yeux de visionnaire et de poète qu'il est seul à posséder. Le dessin original, en la possession de M. Nijhoff, a été remarquablement gravé à l'eau-forte par P. J. Arendsen.

Lorsque *Pulchri Studio* délaissa *l'Hofje* ou Courtil de Nieuwkoop pour se loger plus spacieusement, ce fut l'occasion pour Bosboom, qui avait été en 1848 l'un des fondateurs du Cercle, de „laver" une douzaine d'aquarelles aujourd'hui en la possession de M. Piek d'Amsterdam. Bosboom traita ces compositions avec une piété et une émotion quasi filiales Pour quiconque a connu *l'Hofje*, ces dessins „transpirent" la réalité, l'intimisme intense; pour les amateurs des nouvelles générations, ce sont autant de magnifiques rêveries en couleur. Quelle bienvenue dans ce spacieux vestibule! Et quelle patriarcale saveur dans cette cuisine avec son imposante armoire à l'arrière plan! Mais plus saisissant encore est cet autre vestibule menant au grand escalier, d'où descend une mignonne figure de femme; et aussi l'effet de lumière dans la grande salle avec son imposante table festive! Et combien la cheminée monumentale monte fièrement à l'assaut de la coupole!

Mais non, ce n'est pas „l'Hofje" que nous représenta Bosboom. C'est la vision pathétique de l'artiste, infiniment plus belle que la réalité. C'est la simple rustaude idéalisée par un Raphael jusqu'aux perfections de la madone "gratia plena"; c'est le petit polisson fruste et charnu qu'un Rubens métamorphosait en Amour.

Deux années auparavant, Bosboom avait „immortalisé" de la même façon son propre atelier, son chantier de travail, qui forme une des „attractions" de la maison du quai Toussaint. D'autres artistes seront parvenus à réunir des collections plus somptueuses, ou à transformer leur champ d'activité en un sanctuaire plus féerique et plus luxuriant, mais nous doutons qu'il existe atelier aussi pittoresque que celui de Bosboom. Rien d'analogue à l'antique petite porte qui divise l'atelier en

Etude de paysage.

deux pièces; et dont M. Mesdag possède aussi une savoureuse aquarelle; ou de comparable à ces „intérieurs", surtout à celui où Bosboom darde la lumière sur un liseur! Le lutrin sur lequel est ouverte une Bible auréolée d'un coup de soleil; les natures-mortes formées de livres, de chandeliers et d'autres accessoires, attestent avec quels yeux de tendresse et de sollicitude le peintre couve son propre atelier, combien sa généreuse fantaisie parvient à magnifier le réel!

Ces dessins appartiennent à un des amis intimes du couple Bosboom-Toussaint, M. Van Tienhoven d'Amsterdam, de l'habitation duquel, la Villa Erica, sur la route de Scheveningue, Bosboom a aussi perpétué et caressé le souvenir en une série d'aquarelles familiales.

Lorsque je songe au bourgmestre d'Amsterdam, je revois Bosboom, un samedi après midi, conversant avec moi en longeant la route de Scheveningue.

Reproduction d'après une aquarelle.

Quelle conversation alerte et familière, interrompue ou plutôt illustrée, vivifiée, à tout bout de champ, pas des „tomber en arrêt" devant quelque objet curieux ou attrayant, jusqu'à ce que l'artiste s'éclipsât furtivement en me lançant un: „Bonjour; je vais chez le bourgmestre!" Villa Errica, derrière l'hôtel de la Promenade, le peintre et la romancière étaient des commensaux favoris.

Mais en évoquant le souvenir de M. Van Tienhoven, je me remémore la visite que je fis à Bosboom une couple de jours après le décès de Mme. Bosboom. Personne ne s'était attendu à une fin si foudroyante. Peu de jours auparavant elle avait encore réuni leurs nombreux amis à l'occasion de l'anniversaire de son époux. La mort l'avait frappée subitement.

Les amis du peintre s'attendaient à le trouver abattu, découragé, brisé. Au contraire il fut étonnant de stoïcisme et de grandeur d'âme. Sans doute pour lui la perte était irréparable, mais son deuil était mitigé par le consolant souvenir, la conscience permanente du bonheur si longtemps goûté avec l'absente. Une sorte de piété reconnaissante l'élevait au-dessus de la douleur commune et son adoration sacrée pour l'art aidait aussi à le fortifier contre les conseils du désespoir. Et c'est les yeux rayonnants d'orgueil qu'il rappelait les triomphes de la compagne en allée, mais qu'il disait surtout combien elle était bonne et noble, combien elle voyait juste et sentait profondément!

Et ce n'est pas seulement lorsque Bosboom aborde ce sujet si passionnant pour lui et si intéressant pour tous, qu'il se montre le charmeur et le consolateur par excellence. Non seulement il vous émeut, mais il sait aussi se montrer spirituel. Il a connu tous les Neerlandais qui ont „signifié" quelque chose, durant la seconde moitié du siècle, et il sait ce que les meilleurs ont fait de mieux. Il parlera de da Costa, de Groen van Prinsterer, de Verhulst, surtout de Potgieter. Il a frayé amicalement avec tous les peintres que la Hollande a vus depuis soixante ans, et souvent il parvient à les „typer" d'un seul mot.

Ainsi, une fois que je l'entretenais d'un peintre de la Haye, dont la grande renommée d'il y a 25 ans a considérablement baissé, Bosboom me le pourtraictura moralement par cette définition émise avec un accent local qui en soulignait le ragoût: „C'était un gaillard capable de siffler son propre ouvrage!"

Ce sarcasme dit quel sérieux, quelle religion Bosboom exige de l'artiste. Ici, il s'agissait d'un bon ami, d'un confrère, et son appréciation n'était que piquante et relativement indulgente, mais il possède le don du mépris au même degré que celui de l'affection — je ne crois pas qu'il sache haïr — et alors il trouve pour exprimer son mépris des mots d'un pittoresque implacable, corrosifs comme un acide. Mais de nature il est plutôt indulgent et généreux. Il n'y a pas longtemps il me disait: „Ah, vous ne savez pas combien j'ai rencontré de charmantes gens dans ma vie!" Il n'est pas de ceux qui croient que le meilleur moyen de cultiver des plantes consiste dans l'émondage et le sarclage. Il n'est, non plus, de ceux qui ne connaissent qu'une fleur: la rose; qu'un oiseau: l'aigle. L'humble violette lui est aussi chère que la reine des fleurs et il s'efforce d'élever la plante la plus simple jusqu'à des hauteurs idéales. Là même où l'art est dénué de poésie, il se rabat sur le sens pratique, les qualités de vie de cet art inférieur. Bosboom estime quiconque arrive à produire quelque chose, aussi humble et minime que soit cette production.

La nature, la personne entière de Bosboom respire la vérité et la simplicité. Le veuf sans enfants s'est créé un intérieur plein de charme et de tièdeur. Dans la maison où la maîtresse-femme recevait autrefois avec sa cordialité spirituelle la légion de leurs amis, Bosboom se voit entouré des enfants et des petits-enfants de son frère jumeau mort prématurément. Ce sont des hommes jeunes et forts qui servent depuis longtemps l'Etat, avec distinction; c'est surtout la petite mère, la filleule de „Tante Truida" dont l'esprit semble hanter continuellement la chère et artistique maison; ce sont autant d'êtres intelligents et doux qui portent à l'artiste une affection presque fanatique.

Intérieur de ferme, d'après l'aquarelle du maître, appartenant à M. T. Mesdag à Scheveningue.

Ce crépuscule de la vie du grand artiste, me paraît aussi balsamique et réconfortant que possible. Il se sait aimé de tous ceux qui l'approchent; honoré, admiré de tout l'univers.

Inutile d'énumérer ici les nombreux témoignages de la vénération privée ou officielle, les diplomes, les adresses, les ordres, les distinctions de tout genre qui ont été offerts à Bosboom. Ces „honneurs" sont innombrables. Mais aux yeux d'un homme de la trempe de Bosboom *l'ars nobilitat* l'emporte sur les décorations les plus recherchées; et, si je me figure exactement la conscience du grand artiste, la fois où il se sera senti, le plus légitimement orgueil-

Escalier de couvent à Boxmeer, d'après une aquarelle appartenant
à Mr. P. A. M. Boele van Hensbroek, à la Haye.

leux, c'est quand, à lui, simple enfant de la Haye, fils de ses œuvres, fut confié l'honneur insigne, le 13 Juillet 1885, lors de l'inauguration du musée d'Amsterdam, de dévoiler la *Ronde de Nuit* de Rembrandt.

Alors Rembrandt a dû le saluer comme un digne rejeton de cette robuste souche Néerlandaise, un maître qui contribue à maintenir la glorieuse réputation de l'art Hollandais, et Bosboom se sentait digne de Rembrandt.

* *
*

Les pages qui précèdent furent écrites il y a quelques mois, alors que Bosboom, quoique miné par des infirmités physiques, vivait encore parmi nous.

A présent qu'il nous a quittés, à la première heure du 14 Septembre 1891, l'éditeur de cette notice a désiré que j'y ajoutasse encore quelques mots.

Reproduction d'après une aquarelle appartenant à Mr. H. W. Mesdag, de la Haye.

Longtemps — je n'eus garde d'insister sur ce point, sachant qu'il lirait encore mon article — Bosboom avait souffert et végété. Si, après la mort de madame Bosboom, il avait, semble-t-il, puisé un regain de force et de vie dans de nouveaux travaux, ses amis furent douloureusement émus en apprenant, il y deux ou trois ans, que le maître était tombé dans un état d'irritation nerveuse, dégénérant même en folie; mais cette aliénation passagère se dissipa pour être suivie d'une attaque qui le réduisait à un état de paralysie partielle. D'abord cloué sur son lit de douleurs, peu à peu un mieux se produisit. Parfois il put même sortir en voiture, accompagné de sa fidèle garde-malade. Fait caractéristique: au cours d'une de ces promenades, je lui vis faire arrêter sa voiture devant l'étalage de la maison Goupil, avide qu'il était de jouir encore des belles œuvres y exposées.

Il lui arrivait encore, de temps en temps, de prendre un crayon et de tracer quelques traits, constituant en sa pensée le croquis de nouvelles créations. Mieux que ça: des œuvres inachevées furent reprises et ,,poussées ' par lui au degré de celles qui ont fait sa gloire. A ces dernières productions appartiennent la demi douzaine de dessins qu'il avait envoyés au Salon récemment clôturé de la Société des Dessinateurs de Hollande. Et lorsqu'il apprit que ces œuvres avaient obtenu du succès, le vieillard se montra aussi touché que l'avait été le débutant lorsque son premier tableau attira, il y a plus d'un demi-siècle, l'attention sur lui.

L'esprit de Bosboom n'a jamais vieilli. Son corps seul était soumis aux lois aveugles de la nature.

Il y a quelques semaines encore, il était assis tous les jours à sa fenêtre, devant un grand pupître, d'où il saluait le passant ami. A celui qui le visitait il prenait longuement et cordialement la main. Et alors il se mettait à parler, à parler d'abondance, s'interrompant parfois pour réfléchir, mais retrouvant chaque fois le mot juste, le mot qui faisait image. Car Bosboom était artiste jusque dans la parole.

En ces occasions il recherchait de vieux souvenirs de ses excursions en Belgique ou au pays de Cléves, à l'époque de sa jeunesse: ou il aimait s'entretenir d'artistes vivants ou disparus, surtout de Potgieter, ou des nombreux admirateurs de sa femme dont il parlait toujours avec la plus profonde piété. Il fallait que le visiteur s'aperçût de la fatigue du malade — car lui même ne l'aurait pas avouée — pour mettre fin à l'entretien et pour qu'il prît congé, quitte à garder de cette visite un souvenir ineffaçable.

Lors de son dernier anniversaire, le 18 février, Bosboom reçut encore avec une satisfaction manifeste ses nombreux amis et amies. Je le vois encore assis devant un joli bouquet au parfum suave, et causant allégrement avec chacun. Et, comme le cercle se retrécissait, il vous retenait par ces mots: ,,Allons, venez vous asseoir un peu plus près de moi, à présent!"

En mars 1891, je lui fis encore plus d'une visite. Il s'amusait alors à feuilleter avec moi un portefeuille de dessins ou de photographies dont chacune était un prétexte à cordiales ou fines réminiscences. Chaque dessin ou reproduction lui procurait l'occasion de parler du sujet traité, ou de l'époque à laquelle il le traitait, ou de l'heureux possesseur de l'original.

Au retour de l'été il déclina visiblement. Sa langue s'embarrassait, ses mains devenaient nerveuses: tout faisait présager la fin. Néanmoins il luttait encore contre la mort avec une force bien compréhensible chez quelqu'un qui chérissait tant la vie.

C'est le soir du 14 septembre que je lui ai fait ma dernière visite. Dans la serre, où il se tenait de préférence avec sa femme, il était couché sur un lit des plus simples. Tranquille et calme; aucun trait de son visage ne faisait songer aux angoisses de la mort.

Ce n'était point la mort qui l'avait fauché. Non, un génie ami était venu lui cueillir l'âme sur les lèvres.

Une seule guirlande de fleurs lui couvrait la poitrine et lui entourait le visage.

Naturellement, la bière dans laquelle il fut inhumé disparaissait sous d'innombrables couronnes.

A présent il repose à côté de sa „Truida", et les centaines d'amis qui accompagnèrent ses restes mortels à leur dernière demeure raconteront un jour à leurs enfants qu'ils furent de ceux qui suivaient le cercueil de Bosboom.

Pour finir je ne crois pouvoir mieux faire, en souvenir du grand homme, que de reproduire ici une poésie inspirée par une visite à Bosboom, le 16 Août 1890, une poésie dont lui-même avait été profondément touché.

NON OMNIS MORIAR.

> Le vieillard qui revient vers la source première,
> Entre aux jours éternels et sort des jours changeants;
> Et l'on voit de la flamme aux yeux des jeunes gens,
> Mais dans l'œil du vieillard on voit de la lumière.
>
> V. HUGO.

Le vieil artiste est assis au crépuscule,
Profondément enfoncé dans son fauteuil. Si le corps est affaibli
L'esprit est vigoureux. Dans l'œil clair,
Dans la bouche délicate et fine, dans le visage sublimement encadré
De cheveux d'argent, rayonne le génie. —
Enthousiaste, exalté, plein d'émotion.
Il parle de ce qui fut, de tout ce temps
Qu'il a traversé; ce temps qu'il a vécu et souffert,
Lorsqu'il faisait encore partie de la ronde agitée,
De cette Kermesse pleine de gravité, qui s'appelle la vie,
Et à présent — dit-il - je m'assieds des heures entières
Ici, devant ma fenêtre, jusqu' à ce que tombe le soir,

Jusqu'à la venue des ténèbres. Un autre ne voit
Plus rien alors, rien ; mais quand le dernier or,
Que le soleil projette sur les arbres là-bas,
S'est fondu, alors encore je vois dans le vert feuillage,
A peine éclairé, combien tout bouge encore,
Combien tout vit et jouit de l'existence,...
De cette humanité si belle et si bonne !...
Et lorsqu'il fait de l'orage après une journée suffocante,
Quand de noirs nuages combattent contre la lumière
Qui finit tout de même par l'emporter, ô alors le spectacle est sublime !
A ces paroles, l'œil du vieillard
Recouvre son ancienne ardeur et la voix sa force première,
Il contemple alors la futaie devant sa fenêtre,
Et, baignées dans le crépuscule, les masses imposantes.
Des clochers d'églises où son esprit
A rêvé ce qui fit sa vie si grande et si belle,
Et ce qui continue à la lui faire si belle encore !
Pour lui le tonnerre est le combat géant
Des éléments, image de sa propre lutte
Pour tout ce qui était grand et noble. L'éclair
Est pour lui le rayon divin qui, génie irrésistible,
Conquiert l'univers entier. Nul mortel ne sait
D'où il émane et quel front il touchera.

Heureux, le vieillard admire devant lui,
Il se rappelle tant de choses périssables,
Il assiste à la lutte des hommes, des éléments.
Les arbres verdoient pour s'effeuiller bientôt
Mais pour verdoyer encore. Devant lui, autour de lui
Murmurent des voix, qui célèbrent la vie,
L'art, l'amour, et cette auréole
Qui nimbe aussi celle qui lui fut la plus chère :

Et, mortel, il plonge dans l'immortalité.

CHARLES ROCHUSSEN.

PAR

A. L. H. OBREEN.

En attendant l'ouverture des portes de la ville.

CHARLES ROCHUSSEN.

Au musée londonien de South Kensington, parmi d'innombrables trésors artistiques, une enfilade de quatre salles est consacrée aux aquarellistes nationaux. La couleur à l'eau ou l'aquarelle est aussi vieille que l'humanité même. Le sauvage qui enlumina le premier sa propre peau ou celle des bêtes ou le plumage des oiseaux dont il se parait, pourrait être considéré comme le précurseur des aquarellistes contemporains. Et les Japonais qui, depuis des siècles, ont admirablement représenté sur le papier des figures d'hommes, d'animaux et des paysages, ont poussé l'art de l'aquarelle à un degré de perfection auquel n'atteindra jamais aucun autre peuple.

Dans le monde artistique européen l'aquarelle ne remonte point à cette antiquité-là ; l'emploi de ce procédé pour faire œuvre de peintre sur le papier est même relativement de date récente. Ni les peintres du dix-septième siècle, ni ceux du dix-huitième n'ont fait ce que nous entendons aujourd'hui par aquarelles. A la vérité ils nous ont laissé quantité d'études à la plume ou au crayon, retouchées ou rehaussées ensuite au moyen du pinceau et de l'encre de Chine ou de la sépia, ou de toute autre couleur généralement monochrome ; mais ces études ne furent jamais considérées par leurs auteurs comme œuvres définitives et représentèrent uniquement l'ébauche d'un tableau ou l'esquisse d'une gravure destinée à illustrer un livre. Jamais ou du moins presque jamais ils n'ont recouru au pinceau et à la couleur pour rendre sur le papier un aspect ou une impression de nature.

Ainsi dans la collection précitée, au musée de South Kensington, se trouve un dessin de Gainsborough (milieu du XVIIIe siècle) fait au crayon et à la couleur bleue, et ayant servi d'esquisse pour le portrait du jeune Buttal, portrait connu sous le nom de *Blue Boy*.

Ainsi encore au musée de l'État, à Amsterdam, on admire un certain nombre de très importants dessins à l'encre de Chine dus à J. de Ghein (première moitié du XVIIe siècle) et représentant les divers exercices et manœuvres de l'infanterie à l'époque du prince Maurice. Ces dessins ont servi d'illustrations pour un réglement militaire traduit en français et en anglais, et adopté pour l'infanterie de toutes les armées au XVIIe siècle.

Adrien Van Ostade est un des rares peintres qui, à une époque relativement reculée, retouchèrent leurs dessins au moyen du pinceau et en se servant de plusieurs couleurs.

D'une date plus récente sont les pastels de Troost retouchés aussi à l'aquarelle et les dessins coloriés, à la plume, de Dirk Langendyck.

Au XVIIIe siècle les maîtres français avaient mis le pastel à la mode comme étant le procédé le plus galant pour rendre la délicatesse et la finesse des

Le „Schie" à Rotterdam. Temps d'hiver.

physionomies féminines. Ce n'est que dans les dernières années du dit siècle que deux artistes anglais, Thomas Girtin et Josep Turner, parvinrent à dessiner des paysages en se servant exclusivement de couleurs à l'eau. Ils sont, eux, les véritables fondateurs de l'école d'aquarellistes actuelle.

Par dessins à l'aquarelle nous n'entendons pas ici les dessins à la plume rehaussés de couleurs, mais une composition traitée au pinceau et à l'aquarelle, où les clairs et les ombres sont obtenus respectivement en ménageant dans le papier des endroits non couverts de couleurs et en faisant transparaître un ton à travers un autre. Ainsi pour l'aquarelle telle que nous la comprenons toute la composition n'est pas revêtue d'abord d'une couche de couleur uniforme,

Funérailles chez les Germains.

comme c'est le cas dans les vieux dessins, mais chaque détail, chaque objet différent est doté de sa couleur, de son ton naturel. Tandis que le peintre à l'huile applique ses couleurs les unes sur les autres et cache celles du dessous sous celles du dessus, l'aquarelliste cherche à produire ses effets en faisant transparaître ses couleurs les unes à travers les autres. C'est là ce qui prête aux dessins à l'aquarelle cette apparence légère, lumineuse et presque fluide cette transparence, cette diaphanéité qui en constitue le charme et le caractère. En Angleterre comme en Hollande, c'est l'atmosphère qui se trouve être le meilleur maître des aquarellistes.

Les paysages de l'Angleterre méridionale aussi bien que ceux de la Hollande représentent autant d'aquarelles. Les tons délicats de grisaille ambrée, bleutée ou rosâtre qui baignent tous les objets et les suggèrent, s'épanchant pour ainsi dire les uns dans les autres, peuvent être considérés comme les premiers matériaux de l'aquarelliste.

Prenons par exemple cette aquarelle de Charles Rochussen représentant la Schie à Rotterdam pendant l'hiver. avec, au premier plan, un chaland pris par la glace et, à l'arrière plan, une rangée de maisons inégales qui se dissolvent graduellement dans le brouillard gris. Eh bien, il serait vraiment impossible de

Esquisses d'Italie.

rendre l'impression à la fois cordiale et âpre d'une vue de ville Hollandaise, avec plus d'intensité et de vérité qu'au moyen de ces simples tons gris du pinceau de Rochussen, tons que l'œil se remémore avec tant de charme après les avoir savourés une seule fois.

Par son essence même l'aquarelle est un art d'intimité et de rêverie. Elle se prête à la décoration familière d'un appartement de dimensions modestes, car il lui manque la puissance et l'éclat d'un tableau à l'huile. La différence entre les deux arts fut établie d'emblée le jour où Girtin et Turner exposèrent à la „Royal Academy" de Londres leurs paysages à l'aquarelle et n'y obtinrent point le succès et l'effet sur lesquels ils avaient été légitimement en droit de compter.

A partir de ce moment, l'art de l'aquarelle était fondé de fait, car il se détachait de l'autre peinture pour vivre de sa vie propre et manifester ses

Exposition internationale de Londres — Le Cardinal Wiseman assistant aux
travaux d'installation du compartiment des Beaux-Arts.

qualités originales. Girtin mourut, il est vrai, peu de temps après ce début, et Turner, découragé par ce qu'il considérait comme un échec, se voua exclusivement à la grande peinture; mais quelques-uns de leurs disciples se groupèrent et instituèrent en 1805 la „Society of Painters in watercolours," à laquelle a succédé en 1832, à Londres, une nouvelle association, et qui a été l'initiatrice, le modèle de tout ce qui s'est créé d'analogue dans les autres pays. Quiconque a visité cette année l'exposition des aquarellistes à l'Académie de Dessin de la Haye, a dû reconnaître que les maîtres Hollandais contemporains pratiquent leur art avec une ferveur, une sincérité et une perfection dignes de l'héritage artistique que leur ont laissé les peintres prestigieux d'il y a deux et trois siècles.

En cette exposition Charles Rochussen occupe une place considérable: celle qu'il s'est d'ailleurs assurée comme peintre depuis plus d'un demi-siècle. Feuilletez un album, un livre illustré, parcourez un portefeuille rempli de dessins, à première vue, sans hésiter, vous reconnaîtrez entre mille la marque de cette personnalité, tout de suite vous vous écrierez: „Voilà l'œuvre de Rochussen!"

Tout être humain a son allure personnelle, son écriture propre, sa façon particulière de penser et de s'exprimer.

Course de chevaux à Hillegersberg, d'après une esquisse.

Voyez deux officiers du même grade et du même uniforme, et force vous sera de constater que l'un est tout différent de son collègue. Observez deux religieux ou deux religieuses, et il ne vous faudra point un long examen pour vous convaincre que l'un ou l'une a reçu de l'éducation et possède des manières, tandis que son compagnon ou sa compagne, sont issus de rustres renforcés. Visitez une prison où sont détenues un certain nombre de femmes et il vous sautera aux yeux que le bonnet d'ordonnance dont toutes sont coiffées est attaché et posé sur la tête par chacune d'elles d'une façon qui lui est individuelle. Si le caractère humain se révèle avec une si inéluctable persistance, dans un milieu où l'uniformité est de règle, combien alors cette différence doit-elle se manifester chez des artistes qui puisent, chacun selon ses sympathies et ses facultés, dans l'infini kaléïdoscope de la nature et de l'humanité!

Charles Rochussen étudie depuis un demi-siècle le paysage et la figure humaine, mais de préférence cette dernière, et surtout là où elle se présente en foules mouvementées. Car ces figurines de Charles Rochussen ont toutes du vif argent dans les veines. Elles vivent, elles combattent, elles ont des passions, elles tendent vers un but. Prenons par exemple le merveilleux dessin de *la prise de Rotterdam par Jonker Frans de Brederode*, appartenant à un des meilleurs amis de Rochussen, le peintre P. Stortenbeker, de la Haye. Dans la nuit, les soudards cuirassés s'engagent à la dérobée sur les fossés gelés de la ville. L'un se laisse glisser du haut de la digue, l'autre ne se risque que d'un pied pour s'assurer de la solidité de la glace, un autre trébuche et culbute, le quatrième pousse résolument en avant.

Ou prenons encore le dessin non moins intéressant d'une représentation théâtrale au bon vieux temps, propriété d'un des plus fervents amateurs d'art néerlandais, M. O. Franken au Vésinet, où le spectateur devinera ce qui se passe sur les tréteaux rien qu'à observer les impressions diverses et multiples qui se peignent sur les visages et aussi dans les attitudes de la foule badaude.

Tout cela vit, tout cela bouge. Ce don que possède Rochussen de saisir, de fixer en son dessin l'homme mobile et agissant. il l'a appliqué de préférence

Esquisse pour le cortège historique de Rotterdam, 1872.

aux scènes historiques du moyen âge et de l'antiquité, où les combats étaient des corps à corps, et où la vie sédentaire dans laquelle on nous cloître à présent n'était tolérée que chez les gens d'église. Dans l'histoire de la peinture Néerlandaise, Charles Rochussen n'a eu qu'un précurseur, c'est Jan Luyken. Tous deux excellent à peindre et à détailler les foules. Parcourez entr' autres les planches de l'histoire des Israëlites, par Flavius Josephus. Voyez ces ménages patriarcaux, ces tribus aux innombrables enfants, le nez arrivant à peine à hauteur de la table, quel fouillis d'ondoyantes figures d'hommes et d'animaux! Comme les bois de Jan Luyken, les dessins de Charles Rochussen peuvent être analysés dans leurs moindres détails. Partout vous y découvrirez des particularités amusantes, non seulement dans les personnages mêmes, mais dans leurs habillements, leurs armes et d'autres accessoires, comme si un archéologue s'était trouvé constamment aux côtés du peintre pour le conseiller et le guider Mais il faut ajouter que, chez Rochussen, ce peintre et cet archéologue ne font qu'un.

Dans les temps modernes Rochussen compte des disciples et des neveux dont le plus authentique fut Gustave Doré, mais tandis que chez Rochussen le dessinateur marche de pair avec un antiquaire érudit, chez Gustave Doré l'artiste compagnonne avec un sorcier qui lui raconte des histoires de revenants et évoque d'extravagantes fantasmagories. Gustave Doré, c'est Charles Rochussen avec la santé en moins et la fièvre et le cauchemar en plus.

Outre l'art de présenter et d'animer des foules, que Rochussen a de commun avec Jan Luyken, et qui attire le premier vers l'histoire nationale, comme il entrainait l'autre vers les scènes bibliques et les paraboles, ces deux peintres ont encore un autre point de contact, notamment leur extrême facilité de travail. On prétend que Luyken laissa bien cinq mille eaux-fortes et dessins,

Comment Claus van Winssele fut appelé „Stortenbeker" ou le „renverseur de pintes."

mais combien de gravures et d'eaux-fortes Charles Rochussent n'a-t-il point produits, et combien n'en produira-t-il plus avant d'arriver au terme de sa carrière? L'exposition des dessins et esquisses, organisée en 1884, ne représentait qu'une minime fraction de son œuvre entier, et ne comportait pourtant pas moins de deux cent quarante numéros.

L'artiste vit pour et en son œuvre. Charles Rochussen est l'homme le plus simple et le plus calme de la terre. Il a horreur du charlatanisme, du cabotinage et de la poudre aux yeux qui sévissent dans le monde. Une flatterie le désoblige plus qu'une critique trop dure. Son désintéressement sous le rapport pécuniaire est devenu proverbial parmi ses amis. Et quel causeur brillant et instructif! Plus de

...*Avant la bataille de Castricum*

D'APRÈS UNE AQUARELLE

dans la possession de Mr. C. M. van Gogh

cinquante ans passés en un commerce assidu avec les plus hautes personnalités artistiques dans des recherches variées qui lui faisaient puiser à toutes les sources historiques, ont fourni à Rochussen un véritable magasin de faits, d'anecdotes et de souvenirs qu'il s'entend à présenter et à grouper dans sa conversation avec le même prestige que celui qu'il emploie, pour ressusciter plastiquement le comte Florent V, héros des chroniques rimées de Melis Stoke. Quel tableau émouvant entr' autres que celui des funérailles du bon comte Florent! Partout cette sourde désolation! Ce vieux fauconnier abîmé par la douleur, marchant avec ces deux dogues efflanqués, derrière le cercueil du maître. Ces *poorters* ou bourgeois, auxquels le défunt avait accordé presque tous leurs priviléges et libertés, qui s'écrasent jusque sur les toits et les estacades. Tout ce populaire murmurant contre les nobles, fauteurs d'un attentat odieux, qui se sont debarrassés d'un suzerain cher aux petites gens. Des tableaux ainsi compris et passionnés représentent le meilleur cours d'histoire! Enseignement autrement édifiant et efficace que celui qui consiste à inculquer aux écoliers des notions dans le genre de celles-ci: „Periode comtale. Les comtes de Hollande et de Zelande sortent de cinq souches généalogiques! la maison de Hollande, la maison Hennuyère, la maison de Bavière, la maison de Bourgogne et la maison d'Autriche, H. H. B. B. A."

Cet H. H. B. B. A. est de l'histoire néerlandaise condensée, quintessenciée, quelque chose comme le petit pot d'extrait de viande en lequel cinq siècles de vie nationale, de lutte nationale, de devenir national ont été pressés pour servir d'aliment historique aux jeunes Hollandais de ce siècle! Dieu sait à quel hiéroglyphe cabalistique les cuistres de l'avenir recourront dans les siècles futurs pour apprendre aux petits Bataves le nombre de souches de la maison royale de Hollande?

Puisse-t-il exister à cette époque un dessinateur du talent de Charles Rochussen qui prêche par la magie de son pinceau la haine du vandalisme, de l'arbitraire, et le culte de princes philanthropes tels que ce Florent V. Et, à ce propos, je ne m'explique point comment nos villes hollandaises si prospères qui ont dû le commencement de leur fortune, pour beaucoup, à l'initiative de ce prince, ne lui ont pas encore élevé le moindre monument, dédié la moindre plaque commémorative? Mais quoique nous soyons loin du xiiie siècle, les Gysbrecht van Amstel et les Gerard van Velzen affluent encore aujourd'hui, et c'est précisément par opposition à ces ambitieux de bas étage que Charles Rochussen a vengé et glorifié un souverain qui tomba martyr de son dévouement à la prospérité de son peuple!

Il n'est aucune époque de l'histoire des Pays-Bas que Rochussen n'ait illustrée et magnifiée, depuis les bûchers funéraires des Germains jusqu'à la visite du roi Guilaume III au camp de ses soldats. Et chaque fois le peintre a étudié la période dont il s'occupait avec une ardeur nouvelle, dans les moindres de ses particularités, afin d'arriver à serrer la vérité historique de plus en plus près.

Souvent il a trouvé dans les anciennes chroniques les scènes vivantes qui devaient inspirer ses pinceaux. A citer dans ce genre les huit dessins que possède M. Stortenbeker, et qui représentent des épisodes de la vie de Claus von Wensfeldt, le corsaire qui captura les navires marchands de Hambourg. Le dessin et la couleur, ou, comme disent les esthètes néerlandais, le masculin et le féminin de cette série, s'harmonisent ici, pour former un de ces ensembles dont on célébrera la valeur aussi longtemps qu'il existera un art Néerlandais.

Ce qui est surtout remarquable dans l'art de Rochussen, c'est l'expression que ce peintre parvient à donner à chaque figure, à sa physionomie, à son attitude, à tous ses dehors. Une de ses planches représente un prince avec deux courtisans, debout derrière son trône. La plupart des dessinateurs négligeraient ces deux figures accessoires. Rochussen, au contraire, répandra sur les visages de ces courtisans une expression d'arrogance et de vanité, révélant le dédain que ces soi-disant privilégiés entretiennent à l'égard des mortels qui n'ont point, comme eux, le droit de se tenir derrière le siège du souverain.

Chaque dessin de Rochussen vous fournira de ces particularités piquantes. A chacun de ses personnages il fait la part qui lui revient; tous ont leur raison d'être, il n'en est aucun dont le rôle soit négligé. La plupart de ses figures sont peintes de mémoire; il a raison de procéder ainsi, car nul plus que lui n'a travaillé d'après le modèle — ses études d'après nature représentent même un trésor qui s'enrichit chaque jour — et il peut répéter cette parole célèbre: je prends la nature pour modèle, mais je ne la cherche point en un modèle unique.

En tant que peintre et dessinateur d'histoire, Charles Rochussen fait une heureuse exception dans notre école de peinture nationale. Fait bizarre: peu des grands maîtres Néerlandais ont reporté sur la toile des événements de l'histoire de leur patrie. Rembrandt, par exemple, est né à Leyden en 1607; par ses parents, par ses voisins il aura sans doute entendu raconter toutes les atrocités de cette héroïque période de la lutte contre l'Espagne, les sièges de Leyden, de Haarlem, d'Alkmaar. La génération qui précéda celle de Rembrandt avait été témoin oculaire de ces péripéties, avait même été acteur dans ce drame sublime.

Comment se fait-il que ni lui, ni aucun de ses confrères du xviie siècle, ne se soient inspirés de ces faits pathétiques? Les maîtres Hollandais, lorsqu'ils ne s'en tiennent pas au portrait, peignent des intérieurs ou des paysages, des kermesses ou des natures-mortes; ou, s'ils s'élèvent d'aventure jusqu'au style historique, ils traitent des sujets bibliques ou mythologiques.

Lors de la construction de l'hôtel de ville d'Amsterdam, à quels sujets s'arrêta-t-on pour la décoration picturale de ce monument? A l'histoire de

Moïse, de Salomon, à l'antiquité grecque ou romaine. Dans toute la décoration
murale de l'édifice vous chercheriez vainement un motif se rapportant à
l'histoire nationale. Le „particularisme" des diverses cités est sans doute
cause, pour beaucoup, de cette pénurie de tableaux historiques. Les citoyens
d'une ville abaissaient un regard dédaigneux sur les faits et gestes des habitants
de la cité voisine. Qui établira jamais la part attribuable au particularisme
des diverses cités dans le soulèvement contre le roi d'Espagne et contre la
centralisation administrative des gouverneurs choisis par celui-ci?

Comment il remonta l'Elbe avec trois bateaux-pirates.

S'il y avait eu en Néerlande une Cour brillante, comme celle de Louis XIV
en France, sans doute aurait-on vu surgir d'officiels peintres d'histoire, qui
auraient mis en tableaux vivants les exploits et les actions d'éclat; mais pareil foyer
de luxe intellectuel ou autre nous faisait défaut. Les Stathouders n'étaient que
les premiers citoyens, les premiers serviteurs de l'État, et non des princes
souverains.

Le Calvinisme aussi aura contribué à empêcher la représentation en peinture
de personnages et d'événements publics. Amalia de Solms se piqua d'innovation lorsqu'elle fit construire et décorer l'„Oranjezaal" dans le bois de la
Haye; encore les allégories boursouflées et tourmentées qui couvrent les parois

de cette „salle d'Orange" sont bien plutôt flamandes que Hollandaises.
L'influence de l'école rubénienne s'avère dans ces compositions, et il est presque
certain que ce carnaval de nudités ne devait pas être du goût des puritains
Hollandais du XVII⁰ siècle.

En ce siècle, le seul roi des Pays-Bas qui eût pu créer une galerie historique
était Guillaume II. L'école romantique lui eût fourni des peintres au talent
approprié à ce genre décoratif et exubérant. Longtemps Charles Rochussen
subit cette influence romantique. Il était issu de ce mouvement, mais parvenu

Comment le pêcheur qui rencontra les pirates en informa le Conseil de Hambourg.

à l'âge viril, il se débarrassa des bandeaux, des lisières et des poncifs et se
trempa dans l'étude de la nature et des vivantes réalités.

Le désintéressement traditionnel de l'Etat en matière de Beaux Arts,
n'explique point pourquoi nos peintres ont traité des sujets bibliques de
préférence à des épisodes de l'histoire nationale. En Angleterre, le gouvernement ne s'est pas plus occupé d'encourager les arts qu'en Hollande, et en
Angleterre cependant abondent les tableaux et les dessins se rapportant à des
événements de l'histoire ou illustrant les chefs-d'œuvre de la poésie nationale.
Et, en Angleterre, on est tout aussi et peut-être même encore plus austère
calviniste qu'en Hollande.

Chatelaine — Septembre 1890.

Mais en Hollande n'a jamais régné cet esprit que les Américains du Nord appellent „spread eaglisme."

Les Hollandais ont toujours été de nature un peuple essentiellement pacifique. Sitôt la guerre ou le danger de guerre passé, ils ne songent plus à une éventualité belliqueuse. Toutes ces milices citoyennes Amsterdamoises du xviie siècle se faisaient bien „pourtraicturer" il est vrai, avec des hausse-col d'acier, des cuirasses à brassards, des jambières, des hallebardes et des arquebuses, mais à portée de leur main se trouvait toujours une couple de brocs et Van der Helst groupe toujours ses modèles armés autour d'une table copieusement servie, comme autant de „guerriers de table d'hôte."

Sans doute toutes ces raisons avaient contrarié l'éclosion d'une peinture historique néerlandaise. Rochussen a abordé avec un génie victorieux un genre jusque-là méconnu en ce pays. Mais hélas, avec lui disparaîtra le genre dans lequel il excelle. Parmi les jeunes il n'en est aucun qui marche sur ses traces. Quelque temps Jan Van Beers peignit des tableaux du moyenâge. Au musée de l'Etat d'Amsterdam figurent les Funérailles *d'un comte de Flandre* au commencement du treizième siècle. Or, que l'on compare l'entassement désagréable des corps et des visages sur ce tableau avec la grace et la vivacité d'un dessin de Rochussen! Mais, pour être impartial, je constaterai que ces qualités Rochussen les apporte plutôt dans ses aquarelles que dans ses tableaux à l'huile. Pour apprécier tout le ragoût de ses figurines, il faut les voir traitées à l'aquarelle, car là le peintre se meut dans son véritable élément. L'art de l'aquarelle implique quantité de procédés et de recettes, que l'expérience vous apprend à connaître. L'aquarelliste à la main experte, se sert d'estompes et de mie de pain et de cent autres auxiliaires de son invention, pour ménager des clairs, fondre des lointains, amortir des couleurs, toutes pratiques d'une simplicité enfantine lorsqu'on y est initié et qui paraissent très compliquées au débutant et au profane. Cela fait partie du métier et nul ne connaît le métier d'aquarelliste dans ses plus secrets arcanes, comme Charles Rochussen. Mais il en sait plus long encore; il a fait de l'eau-forte, de la gravure sur bois et de la lithographie; il n'est même point de branche de l'art graphique qu'il n'ait cultivée; on pourrait même dire de lui qu'il dessine comme chante l'oiseau, c'est-à-dire par un instinct naturel, sans entraînement, sans application, sans effort.

Dibutades était un potier qui vivait à Corinthe à une époque immémoriale et qui était père d'une fille, laquelle fille comme toutes ses pareilles en grâce et beauté encourageait les hommages d'un amant. Or la guerre visita le pays et l'amant dut rejoindre l'armée. Le soir il vint dire adieu à la bien-aimée dans la petite pièce aux parois blanches, éclairée par une lampe suspendue au plafond. La belle enfant contemplait peut-être pour la dernière fois les traits de son amant, et en s'absorbant dans cette suprême extase elle s'aperçut que la lampe découpait le profil du jeune homme en une ombre sur la paroi. La jeune fille prit un stylet à l'aide duquel elle traça le contour de la silhouette projetée par la lumière sur la chaux du mur. Elle s'acquitta avec tant de talent et de goût de ce soin que le lendemain les yeux d'artiste du potier tombèrent en arrêt devant l'œuvre de sa fille. Il enleva la chaux comprise dans les contours de l'image, prit un moulage en terre glaise de ce médaillon et enfourna ce moulage avec ses autres poteries. Telle est la légende du premier portrait. Longtemps on garda à Corinthe cette première œuvre d'art inspirée par l'amour. Elle aurait été détruite lors du sac de la ville par les Romains.

L'artiste désireux de faire revivre l'histoire en un dessin procéde un peu à la façon dont procéda la fille de Dibutades il y a des siècles, à Corinthe, au moment où elle allait être séparée du bien-aimé.

Il illumine l'histoire aux rayons de son propre génie et il trace sur le papier les contours de ce qu'il perçoit par les yeux de son esprit. Mais pour que ce dessin ait de la valeur, pour qu'il parle au cœur de tout un peuple, il faut que l'artiste soit inspiré par le même enthousiasme que celui qui s'emparait de la vierge corinthienne au moment de dire adieu à son fiancé. Ainsi l'histoire acquiert toute sa portée. C'est grâce à cette ardeur de l'artiste qu'elle vit dans la mémoire d'un peuple; l'histoire ainsi interprétée forme le lien par lequel la nation demeure unie et solide, assurée contre la décadence.

Dans cette noble tâche, Charles Rochussen s'est trouvé le collaborateur génial des historiens modernes, van Witkamp, Hofdijk, et Van Lennep.

C'est à cette mission bienfaisante qu'il a consacré sa vie, et la gratitude nationale, qui lui fait escorte durant toute sa carrière, atteste avec éclat, combien à l'égal de la vierge corinthienne, il a pu saisir la ressemblance de son modèle.

Post Scriptum. Hélas! ce qui précède était écrit quand Charles Rochussen, dans toute la force de son talent, a été emporté par une mort subite. La postérité ratifiera sans doute l'admiration fervente que lui avaient vouée ses contemporains.

DAVID BLES.

PAR

DR. JAN TEN BRINK.

Deuil léger et deuil profond, d'après le tableau du Musée communal de la Haye.

DAVID BLES.

Un beau jour de l'an 1869, la plus grande allégresse régnait dans certains cercles de La Haye. Une loi venait d'abolir l'odieux droit de timbre prélevé sur les journaux quotidiens ou hebdomadaires. La rédaction du *Spectator Néerlandais* s'était particulièrement distinguée par de spirituels dessins dans la campagne menée en vue de cette abrogation. Ce journal avait commenté graphiquement par une chambre de torture avec son appareil d'instruments de supplice, au nombre desquels se trouvait aussi la machine à timbrer, cette parole prononcée, dans la séance du 12 mars 1869 de la chambre des Députés, par M. De Roo van Alderwerelt: „Le droit de timbre qui pèse comme une mesure répressive sur nos journaux, est un impôt anachronique, le legs d'une époque qui s'est close avec l'an 1848." Et lorsque (9 avril 1869) l'abolition fut un fait accompli, le *Spectator* représenta le timbre-taxe de deux „cents" transpercé d'une plume, avec cette légende en latin *Nil penna sed usus*, et ce distique en néerlandais:

> Ainsi l'arme acérée de la parole
> A de nouveau transpercé un ennemi de sa liberté.

Au début de l'an 1869 les journaux — conséquence de la réforme obtenue — agrandirent leur format. Le *Spectator* célébra même cette victoire en augmentant l'importance artistique de sa publication. Désormais il publia mensuellement une jolie planche hors texte d'après le croquis ou l'esquisse d'un tableau. Et c'est par une héliogravure de David Bles qu'il inaugura cet album.

Justement le peintre venait de faire admirer au Salon de La Haye un tableau comptant parmi ses meilleures œuvres. Cela s'appelait simplement: *La place vide*. L'artiste en donna une gravure bien venue au *Spectator*. David Bles est non seulement un maître-peintre mais un dessinateur consciencieux et adroit qui parvient en quelques traits rapides à esquisser fidèlement ses grandes compositions. La première planche du *Spectator* fut donc de tout point réussie.

La *Place vide* est un tableau inoubliable. Le sujet s'en passe vers le milieu du xviiie siècle ou un peu après, (1760 à 65) l'époque chère à Bles. Nous nous trouvons dans la salle à manger d'un officier d'état major. La famille s'est attablée pour dîner. Le milieu trahit l'aisance. A la paroi, des portraits de famille représentent un officier et une dame, le maître et la maîtresse de céans. Au-dessus de la porte règne une grisaille dans le goût de De Wit. Les meubles, la pendule, les fauteuils aux dossiers et aux pieds sculptés, décèlent la fortune et l'élégance; à droite de la table siège le chef de la famille, un officier en uniforme, un large crêpe au bras. Au milieu de la table est placé un fauteuil à coussins de velours. Le chien et le chat du foyer se sont glissés tout près de ce fauteuil vide, comme si celui-ci devait être occupé par quelqu'un qui les régalera de maints fins morceaux pendant le repas. Mais personne n'arrivera plus! L'officier, en proie à une douleur muette, contemple la place vide; il ne goûte pas à la soupe que lui sert une charmante blondine, sa fille. Il ne parvient pas à détacher ses yeux humides de ce fauteuil suggestif. La main gauche crispée tient la serviette ouverte sur ses genoux; la droite repose, inerte, sur la table. Tous partagent la douleur muette et poignante de l'époux tant éprouvé. On devine que la jeune fille blonde s'est levée, qu'elle a

Reproduction d'après un panneau
d'études.

posé une main sur l'épaule, l'autre sur le poing crispé du père, qu'elle a penché vers lui son gentil visage et qu'elle lui a baisé le front. Assis en face de lui, son fils, un jeune enseigne, honteux de ses larmes, se cache la figure dans les mains; ce mouvement a fait choir la serviette retirée de l'anneau, mais encore enroulée. A la cantonade on aperçoit la vieille, fidèle et corpulente cuisinière, qui, sur l'ordre du maître, est venue retirer le couvert dressé devant le fauteuil vide. Au moment d'ouvrir la porte, elle jette un regard sur la famille éplorée et ses yeux, à leur tour, s'emplissent de larmes: madame ne reviendra plus.

*   *
*

Le 19 septembre 1891 David Bles a célébré dans sa délicieuse maison de la Haye, le soixante-dixième anniversaire de sa naissance.

Jour de triomphe — mais jour mélancolique aussi!

Pour beaucoup il représente le commencement de cette longue ère de repos à laquelle nous devons tous nous résigner.

Les artistes font peut-être exception — surtout les peintres — à la loi commune, parce qu'aussi longtemps qu'ils ont bon œil et bonne main, ils ne se détachent point de leur œuvre. David Bles est de ces privilégiés, chaque jour le retrouve devant son chevalet. Ni l'œil, ni la main ne lui refusent leurs services, seule l'oreille commence à lui faire défaut. Au demeurant c'est toujours le même vieillard sociable, dispos et sympathique, chez qui l'âge ne parvient pas à diminuer l'intérêt vif et constant qu'il prête à tout ce qui se passe autour de lui dans le domaine des arts, des lettres et des sciences.

Ce jubilé prouva combien l'artiste est tenu en haute vénération par ses parents, ses amis, nous dirons mieux: par tout notre peuple. En cette fébrile fin de siècle, il semble que celui qui a travaillé quarante ou cinquante ans pour le renom artistique de la patrie n'ait rien de mieux à faire qu'à se retirer sans tambour ni trompette. Les cohortes des „jeunes" se sont avancées, compactes, et ceux-ci estiment, dans leur ardeur égoïste, que le vieux détient depuis trop longtemps sa place au soleil. *Transeat exeat cum cæteris !*

Heureusement la majorité sensée et intellectuelle de notre peuple ne partage pas ce sentiment de féroce „arrivisme", cette rage „réclamière." Le jubilé du 19 septembre a établi au contraire que ce septuagénaire qui, durant un demi-siècle, s'est conquis, tant dans le pays qu'au delà des frontières, un nom réputé, par ses œuvres si achevées, si consciencieuses et si parfaites, — jouit plus que jamais de la faveur et de l'admiration de ses contemporains à quelque génération qu'ils appartiennent. Je n'entrerai pas dans le narré de cette journée glorieuse. Les journaux y ont consacré des comptes-rendus détaillés et complets.

Etude pour le tableau „Qui apprend à dessiner, apprend à voir." du Musée Boymans.

* *
*

L'art de David Bles est fortement teinté de littérature. Le maître s'apparente étroitement, par là, à une pléïade d'auteurs, poètes ou écrivains artistes, qui ont exprimé le plus heureusement par l'écriture les éléments et l'essence de notre vie nationale. Je n'en veux pour preuve que les toutes premières productions de David Bles, les illustrations qu'il fit pour le *Ferdinand Huyck* de Van Lennep, publié par l'éditeur A. W. Sijthoff de Leiden. Le peintre a peut-être encore surpassé l'écrivain dans sa façon saisissante et attachante de ressusciter la société hollandaise au XVIIIe siècle. Oui, je dirai même que souvent je préfère les dessins au roman, contrairement à ce qui arrive dans la plupart des cas.

Ce caractère littéraire de l'art de Bles se recommande d'autant plus qu'il s'imprègne souverainement de la couleur et de l'esprit nationaux. A ce propos, qu'il me soit permis d'insister sur les particularités de notre littérature. Au moyen âge cette littérature pèche incontestablement par un manque d'originalité. En effet nos poètes se contentent de traduire à l'usage de la noblesse des Flandres, du Brabant et de la Hollande, toute la série des *Chansons de Geste* de France, et, à l'intention de la bourgeoisie, nos clercs se livrent à des

...Après huit ans" d'après une aquarelle faite d'après le tableau en la possession de la comtesse-douairière van Lynden van Sandenburg.

pastiches et à des compilations des *specula* et de chroniques latines. En revanche, dans le domaine de la chanson populaire, la Flandre fait vraiment œuvre originale et spontanée. Des motifs semi-érotiques et semi-religieux sont traités avec une charmante sincérité, une adorable candeur par ces chantres primitifs. Mais à cette époque notre race se complaît peut-être plus encore dans les inventions d'une portée comique et satirique. Aussi le *Reinaert* néerlandais brille-t-il esthétiquement bien au-dessus des versions latine, allemande et française de ce fameux *Roman du Renard*. Dans ce genre narquois et frondeur, nos vieilles fables l'emportent sur les *fabliaux* français; nos farces et nos soties sont bien de notre terroir et de notre race, et elles attestent la prédilection du Néerlandais pour le génie comique.

Point n'est besoin de démontrer combien ce trait de notre génie national s'accorde avec cet esprit utilitaire, industrieux et pratique que notre peuple possède aussi à un si haut degré. En Hollande la vogue est toujours allée aux proverbes et moralités. L'ère des Chambres de Rhétorique fournit jusqu'à satiété ces didactiques jeux d'esprit et ces burlesques déduits de rimeurs. Citons le père Roemer Visser, Hooft, Bredero, Starter, Coster, et une nuée de disciples et de continuateurs, qui enrichissent le répertoire des tréteaux et des pasquinades. Simultanément la même tendance humouristique se manifeste, et avec quel ragoût!, parmi les peintres hollandais, chez des maîtres comme Frans Hals, Jan Steen et Adrien Brouwer. L'esprit comique national est aussi vivace, fleurit aussi copieusement au xvIII^e siècle dans la littérature que dans la peinture hollandaise.

Le même phénomène se reproduit et avec non moins de générosité aux xvIII^e et xIX^e siècles. Asselyn, Bernagie, Langendyk, Van Effen poursuivent les anciennes traditions; Troost aussi. Le hasard a voulu que Bles ait transporté ses plus ravissantes créations dans le dernier lustre du xvIII^e siècle. Il semble, au premier coup d'œil, qu'il se soit ingénié à s'assimiler et à pasticher le piquant et la polissonnerie de Betje Wolff. Mais cette apparence est trompeuse; la similitude consiste plutôt dans le costume que dans le caractère. Bles demeure un fils du xIX^e siècle. Il participe plutôt de l'espièglerie matoise de Van Lennep, de la fantaisie endiablée de la *Camera*, voire de l'humour mélancolique de De Génestet, que de la galante espièglerie de l'„autoresse" de *Sara Burgerhard*, que des privautés de Fokke Simons ou que des extravagances de Bruno Daalberg. Bles possède son xvIII^e siècle dans les moindres particularités du costume, de l'ameublement, de la vie intime et du dehors, — il raffine sur quelques manifestations de la vie spirituelle, et se montre bien, par là, poète contemporain. Il est à Hildebrand ce que Troost est à Langendyck.

Cette tendance littéraire entraîne de précieux avantages. Non seulement les peintures de Bles se recommandent par leur valeur de métier, leur merveilleuse technique, leur harmonieux coloris, mais elles s'imposent surtout par la pensée. Ce peintre qui transporte sur la toile tous les épisodes de notre vie sociale ou familiale, dont le pinceau fait tenir en un espace limité un univers

„Langage de caserne"
D'APRÈS UNE AQUARELLE
dans la possession de Mr. Rud. J. Kijzer.

„La Hollande victorieuse." Croquis à la plume d'après le tableau du Musée de l'Etat.

d'impressions, ne pouvait manquer de devenir un subtil psychologue. Et voilà
sans doute le secret de la popularité du maître. Tandis qu'il plaît aux connaisseurs par sa couleur délicate et son dessin impeccable; il séduit le public
parce qu'il a toujours à dire quelque chose de nouveau.

Un peintre, aussi généreusement doué que Paul Potter, qui, de nos jours,
exposerait chaque année un autre taureau avec une autre vache et un autre
paysan, finirait je le crains — à en juger par moi-même — par fatiguer son
public; mais s'il nous naissait un autre Jan Steen qui nous présenterait des
scènes toujours renouvelées de la vie populaire, tantôt un repas de noce, tantôt
une veillée de Saint-Nicolas, une beuverie dans une taverne, une kermesse ou
une bande de musiciens ambulants, je crois que celui-ci aurait toutes les chances
de se concilier l'admiration universelle jusqu'à la fin de sa carrière.

*　*
*

David Joseph Bles est un enfant de la Haye. Il naquit dans la „résidence"
le 19 septembre 1821. Des dispositions précoces pour la peinture lui firent
suivre de 1834 à 1837 les cours de l'académie de dessin, dans sa ville natale.
Tous les ans il y décrochait les médailles et les prix attribués aux élèves les
plus méritants. Son premier maître pour la peinture fut C. Kruseman dont il
fréquenta l'atelier de 1838 à 1841.

Le roi Guillaume II qui s'était posé dès les premières années de son règne,
en mécène des peintres nationaux, prisait extrêmement le talent de C. Kruseman.
Il détermina ce peintre à voyager en Italie et, sous l'influence de l'art italien,
à peindre pour la galerie royale *Le Sermon de l'Ermite dans le Desert.* David
Bles, alors âgé de vingt ans, partit pour Paris en compagnie de son maître,
et fut présenté par celui-ci au peintre d'histoire Robert Fleury. Antérieurement
à son départ, le jeune Bles avait exposé au Salon de 1841 de la Haye son
premier tableau: *La petite fileuse.* A Paris, Bles travaillait beaucoup au Louvre,
et soumettait ses copies à Robert Fleury. A cette époque le jeune artiste ne
jurait que par le romantisme de Kruseman et de Robert Fleury; aussi sa
peinture d'alors n'annonce-t-elle qu'un élève adroit et laborieux de ces maîtres.

Ses envois de Paris ne s'écartaient point de la tournure romantique. On reconnaît la tendance du peintre rien qu'au choix du sujet. En 1843 il expose à
la Haye une *petite vielleuse de la Savoie sur le Pont-Neuf* et le *Hongrois,*
marchand de pièges à souris. Toutes œuvres d'entraînement de l'artiste qui
cherchait encore sa voie.

En 1843, Bles retourne à la Haye. Là encore, il continue à se recommander
de l'école de Robert Fleury en traitant romantiquement deux sujets puisés
dans l'histoire des peintres des Pays Bas: *Rubens et le jeune Teniers* (1843),
Potter faisant des esquisses en se promenant l'après midi, (1844). Cet effort
n'aboutit pas plus que les autres. Mais, tout à coup, en 1844, Bles excita la
surprise de ses amis par une toile intitulée *Les amateurs de musique,* qui té-

Berg & Chevalier Sc.

Mais arriva l'an 80
    Avec tout son cortège de fléaux
Et la sage devise: „Restons unis!"
    Parut séditieuse à l'État.

Orangistes.

Partis de toutes nuances
    Surgirent à l'envi . . . .
Plus ou moins voraces;
    Mais chacun emporta un morceau.

moigna enfin, hautement, du précieux talent jusqu'alors caché en ce jeune peintre. Quoique les membres de la société musicale, représentés par le peintre, eussent endossé le costume moderne, Bles avait tiré de leur groupe un parti très pittoresque, très mouvementé, et des contrastes bien spirituels.

Cette entrée en scène de Bles comme artiste humouristique coïncide avec la direction donnée à sa culture littéraire. Les meilleurs livres de cette époque étaient presque tous écrits dans la note badine et gouailleuse. C'étaient le *Fils adoptif* (1833), la *Rose de Dekama* (1836), *Ferdinand Huyck* (1840); de Van Lennep: les *Esquisses du presbytère de Mastland* (1843) de Van Koetsveld; les *Rêves et Vérité* (1840) de Jonathan. Beets publiait sa fameuse *Camera Obscura* en 1839 et 1840; Potgieter son *Jean, Jeannette, et leur dernier né*, en 1844. Klikspaan donnait, de 1839 à 1841, ses *Types d'Etudiants*, et Jonckbloet sa *Physiologie de la Haye* en 1843. C'était d'ailleurs à la même époque, (1833—1843) que Charles Dickens révolutionnait tout l'univers par ses premiers romans satirico-sentimentaux: *Pickwick* (1836—1837), *Olivier Twist* (1838—1839), *Nickleby* (1839), *L'horloge de maître Humphrey* (1841), *Chuzzlewit* (1844).

En exposant, en 1844, ses *Amateurs de musique*, Bles se rattacha à cette célèbre école littéraire, tout comme au xviie siècle les Jan Steen, Jan Miensze, Molenaar et Adrien Brouwer s'étaient trouvés, en peinture, les congénères des poètes et dramaturges égrillards et débridés de l'école d'Amsterdam. Mais Bles devait encore faire un pas avant de pouvoir affirmer tout à fait son talent puissant et original.

La chance le servit. A cette époque, les peintres de la Haye avaient coutume de donner des bals masqués aussi divertissants que brillants, dans les salons aujourd'hui oubliés, mais alors en pleine vogue, du Tivoli, tenus par le vieux Faassen, père de l'acteur connu Rosier Faassen. Il se fit que certain soir de 1844, quelques peintres empruntèrent des costumes du xviiie siècle à un certain Vernet, acteur comique du théâtre français de la Haye. Or, Bles, qui assistait à la fête, fut requis tout particulièrement ce soir-là par les costumes du temps de Louis XVI.

Le premier tableau de sa nouvelle manière (1844), intitulé *Un Fait des anciens jours*, recueillit d'emblée un succès unanime. Cette œuvre fut acquise par un collectionneur marquant, M. Jacobson de Rotterdam. Bles avait enrichi ce premier essai dans une nouvelle voie artistique d'un épigraphe de Van Alphen: „Quiconque se regarde continuellement dans le miroir ....". Encouragé il se plongea dans la lecture du fameux humouriste Cats, et trouva dans les *Images morales et Amoureuses* et dans *l'Anneau de mariage* de ce moraliste réjoui d'abondants motifs à spirituels groupements de ses figurines du xviiie siècle.

En 1844, deux dictons de Cats lui inspirèrent deux tableaux dont le premier fut acquis par le roi Guillaume II, et l'autre — une jeune coquette devant sa psyché — par le baron Van Heeckeren van Twickel. Ce fut un signal. Offres et commandes affluèrent de tous les côtés. Bles avait trouvé sa veine.

Depuis 1841 jusqu'à ce jour (1895) David Bles a travaillé sans relâche. La

liste de ses productions est considérable. La plupart ont été remarquablement
étudiées par M. C Vosmaer. A cette place il me suffira d'attirer l'attention

„Convalescence" d'après un tableau appartenant à M. D. G. Bingham à Utrecht.

sur quelques-unes des illustrations, reproduites, à l'intention de nos lecteurs,
d'après ses tableaux.

Nous sommes attirés tout d'abord par une peinture remontant à 1859, et
intitulée: *La belle nourrice et l'aïeul.* Il nous semble lire une page de *Willem
Levend.* Qui ne connaît cette scène mémorable: Daatje Levend donnant le
sein à son premier-né, surprise par son époux? Bles aurait traité ce sujet *con*

Etude pour le tableau „Qui apprend à dessiner, apprend à voir," (Musée Boymans).

brio, toutefois il ne s'en tint point à une scène de cette simplicité. On sait quel rôle important les nourrices jouaient pendant le dernier quart du xviiie siècle, dans tous les ménages prétendant à l'élégance et au grand genre. Quelques passages de Jean-Jacques sur les devoirs maternels amenèrent un certain mouvement contre les „nounous" juste au moment (1784) où, en Hollande, Betje Wolff écrivait son *Willem Leevend*. Bles nous introduit dans un ménage où la doctrine de Rousseau n'a pas encore pénétré. A droite, le peintre représente l'accouchée pâle, amaigrie, à la lente convalescence; à gauche, une superbe, peut-être même trop opulente nourrice, une florissante fille des champs, l'objet d'attentions et de civilités assidues de la part de deux vieux galantins, précisément les grand-pères du nourrisson. Tandis que l'un lui présente un sachet de dragées, l'autre lui verse la bière sucrée du baptême.

Dans le roman de Wolff l'accouchée est surprise par son époux au moment où elle s'acquitte des plus touchant de ses devoirs maternels, et je crois que l'écrivain nous touche plus profondément que le peintre de la *Belle Nourrice*. Mais Bles nous donne une impression de bon comique par le contraste entre la patiente et la glorieuse mercenaire, et surtout par la survenue intempestive d'une respectable dame, l'épouse d'un des deux vieillards excités par cette Suzanne. Il est heureux que ce merveilleux specimen du talent de Bles soit demeuré en Hollande où, après avoir appartenu à M. Fop Smit de Rotterdam, il enrichit à présent la galerie du baron Rengers à Leeuwarden.

Le tableau intitulé *Le roman défendu* rapporta, en 1864, à son heureux auteur la médaille d'or du Salon de Paris. L'expression délicieusement friponne du visage de la liseuse sera sans doute intervenue pour beaucoup dans la décision du jury. Toutefois plus sérieux, plus émouvant est le tableau intitulé *les Enfants de la Veuve* (1868), dans lequel l'arrogance et la frivolité de la fille font un pénible contraste avec le deuil profond de la mère. Des trois grandes toiles suivantes, les deux premières *Guérison* et *Huit ans d'attente* (1863) appartiennent aux scènes de foyer intimes, mais *la Hollande victorieuse* (1877) évoque un très intéressant côté de la vie sociale, sous la République

Batave. Celle-ci, également, compte parmi les meilleures œuvres de la jeunesse
de Bles. La scène se passe dans un café ou plutôt un cercle de la Haye
(janvier 1795). Les troupes françaises commandées par Pichegru ont aidé à
chasser le Stadhouder — les patriotes triomphent. Un officier français est
venu au *club* avec deux Hollandais de ses amis, gens considérables appartenant
sans doute à la députation de la république Batave. Ils ont joué aux échecs
et l'un des Hollandais a gagné la partie. Celui-ci s'est levé, et, en endossant
sa pelisse, il montre l'échiquier avec un sourire de satisfaction. Son chien-loup,
l'invite, en aboyant, à regagner le logis. Mais l'officier français, battu, le
menton dans la main, considère l'échiquier, d'un air ahuri, comme s'il ne pouvait
se convaincre d'avoir perdu la partie. Le second Hollandais indique au vaincu,
sur l'échiquier, le coup qui a causé sa perte. Au second plan, un domestique,
debout sur une échelle, est en train d'allumer le lustre. Plus au fond deux
consommateurs s'apprêtent à jouer une
partie de billard; le petit marqueur
est déjà à son poste.

A droite et à gauche des joueurs
d'échecs, le groupe principal, se remar-
quent d'autres personnages. A gauche,
une jolie limonadière trône derrière
son comptoir. Devant, se campe un
fringant jeune homme qui a dû consacrer sa journée au patinage, à en juger
par le bâton ferré et les patins déposés
à côté de lui, et qui vide un verre
de liqueur à la santé de la gentille
Hébé. A droite, attablé au pied d'un
plâtre représentant la Pucelle de Hollande arborant le bonnet phrygien au
bout d'une pique, — un paysan jovial
et au gousset bien garni, fait remplir
son verre par une Hébé subalterne, à
laquelle il caresse le menton en clignant
sensuellement des yeux. A la table du
paysan est assis un autre consommateur, le bonnet sur la tête, en train de
lire le journal.

Officier du temps de la République Batave,
d'après une étude au pastel.

C'est par ce morceau de maître que
David Bles est admirablement repré-
senté au musée de l'Etat d'Amsterdam. Vosmaer a dit de cette toile : Tout y est,
comme c'est généralement le cas chez Bles, d'une fidélité et d'une exactitude
de costume poussées jusqu'aux plus minimes détails. Ce morceau s'impose à
mes préférences, non seulement par la brillante mise en œuvre et le ragoût

des types, mais par la couleur fine et savoureuse, l'harmonie de l'ensemble et la merveilleuse allure de certains personnages.

Deux de nos illustrations comportent des études pour un tableau intitulé: *Qui apprend à dessiner, apprend à voir*, et appartenant aujourd'hui au musée Boymans de Rotterdam. David avait conçu le projet de traiter en une série de tableaux ces *Cinq Sens* qui ont déjà inspiré pas mal de peintres. Il commença par *la Vue*; mais, ayant terminé ce premier tableau le courage lui manqua

„La belle nourrice et les deux bons-papas" reproduction d'un fragment du tableau en la
possession de m. le baron Rengers de Leeuwarden.

pour achever les quatre autres. Il débaptisa alors ce tableau pour lui donner
le titre précité. Il répugnait à Bles de se sentir lié par des tâches définies et
régulières; il préférait se livrer aux conseils de l'inspiration et aux hasards de
la fantaisie.

Aussi est-ce à tort qu'on l'a comparé — comparaison fort honorable d'ailleurs
— à William Hogarth. Le profond moraliste et satirique Anglais écrivait des
romans en dessins, et s'imposait la tâche de représenter en une série de
compositions, le courant, l'enchaînement dramatique des événements. Prenons,
par exemple, le *Mariage à la mode*. Quel drame d'orgueil nobiliaire, d'égoïsme,

„Près du berceau" tableau de la collection de m. le Chevalier.
Steengracht van Duyvenvoorde de La Haye.

de corruption, d'adultère et d'homicide, se joue en ces six planches! Il en est
de même pour sa série de six dessins connue sous ce titre *La carrière de la
courtisane*, et pour les huit intitulés *La carrière du Libertin*.

La personnalité de Hogarth consiste en ceci, que partout, dans ses moindres
œuvrettes, il cache un but, un sens mystérieux, souvent très difficile à saisir.
Il est avant tout un penseur et un moraliste, ses tableaux sont des prédications
contre le vice: tempérament de clergyman qu'un caprice de la nature a forcé
à dessiner ses sermons.

Reprenons encore, à l'appui de ce que j'avance, la première planche de son *mariage à la mode*. En épousant la fille d'un richissime alderman, le vicomte Squanderfield se flatte de pouvoir continuer sa vie de débauches et de dissipation avec les millions de son beau-père. Les parois de la salle où se célèbrent les fiançailles du jeune couple sont couvertes d'innombrables tableaux du plus mauvais augure. En effet toutes ces peintures représentent des scènes de guerre, d'assassinat, de martyre, d'inondations, la peste, la famine, des comètes, que sais-je encore! Elles symbolisent les fléaux qui résulteront de cet hymen. Au-dessus de la tête du fiancé est suspendu „Un martyre de Saint Laurent" à côté est représenté le fratricide de Caïn, plus loin se succèdent le massacre des Innocents, le supplice de Prométhée, le trépas de Goliath, Holopherne immolé par Judith, enfin le martyre de Saint Sébastien.

Devant ces accessoires on oublie la peinture proprement dite. Je le répète, Hogarth est un penseur, un pamphlétaire, un romancier. Bles est surtout un peintre. Hogarth prodigue un trésor d'idées de toute espèce auxquelles ses compositions prêtent une vie allégorique. Bles ne poursuit qu'une seule idée : le sujet de son tableau. Hogarth est un philosophe amer qui a sondé, jusqu'au tréfond, la méchanceté humaine ; Bles dénonce en souriant les petits travers de ses semblables, qu'il égratigne de sa verve sans songer à les fustiger. Pour résumer, je m'en rapporte à l'opinion de Vosmaer:

„L'art de Bles, quoique appartenant au domaine de la joyeuse satire des mœurs dont il choisit de préférence le côté finement humoristique, est tout

Etude.

différent de celui des vieux Hollandais, de Van Troost et d'Hogarth. Il est tout d'une pièce et il puise son originalité en lui-même. Cet art possède le métier des vieux Hollandais, et, des modernes, le goût plus raffiné, la moquerie réduite à un agréable humour."

Le talent de David Bles a reçu une consécration éclatante de la part du gouvernement italien qui l'invita à peindre sa propre image pour l'exposition universellement renommée des portraits de peintres aux Uffizi de Florence.

Le portrait de Bles par lui-même figure donc en ce panthéon depuis avril 1888, parmi les médaillons des maîtres illustres de tous les temps. J'ajouterai que David Bles est un portraitiste éminent, qui excelle surtout à saisir la ressemblance féminine.

A la prière du dédicataire je joins ces vers de circonstance à cet essai d'étude: *A mon ami David Bles, le jour de son 70e anniversaire, 19 septembre 1891.*

> Qui donc sépare la radieuse Poésie
> Et la noble Peinture, les deux sœurs immortelles?
> Qui donc sépare un art d'un autre auquel il s'apparie si intimement?
> Qui sépare le pinceau et la plume, les vers et les couleurs,
> Qui rompt ce lien divin? Ce n'est point *David Bles!*
> Le Poète par le pinceau, le peintre qui fixa sur la toile
> Les accents de la plus noble poésie qu'on entendit jamais
> En cette Hollande si chère aux muses! qu'il nous soit une leçon!

WILLEM ROELOFS.

PAR

JHR. MR. H. SMISSAERT.

Sous les saules, d'après un tableau.

WILLEM ROELOFS.

Lorsque je songe à Roelofs, je ne me le représente pas dans son atelier de Bruxelles ou de la Haye, ou à la campagne dans l'une ou l'autre ferme, mais bien ici chez moi, dans ma chambre, assis, fumant un cigare, dans ce fauteuil en cuir, où, après le dîner, l'un ou l'autre mot amène dans sa bouche des récits et des confidences comme lui seul sait en faire. Le plus souvent il s'agit de la rencontre d'un inconnu ou d'une entrevue qu'il raconte avec une couleur si vivante que sa parole remplace largement le crayon et le papier. Nul ne peut évoquer et retracer comme lui le pittoresque d'un personnage ou d'une situation. „Figurez vous, commence -t-il, que j'étais en train de peindre dans cette prairie un effet qui se dérobait de plus en plus à mes poursuites. Survient un monsieur qui se place derrière moi. Il était très convenablement vêtu, ce monsieur. Et de temps en temps il accordait un coup d'œil à mon ouvrage..." Ou bien il me cause d'un article remarquable, d'un livre intéressant qu'il vient de lire, et toujours il m'étonne par sa solide culture, son esprit inquisiteur, sa compétence générale. Car Roelofs n'est pas de ces artistes qui ne savent parler que de peinture et seulement, de leur propre peinture; au

Zuid Laren (province de Drenthe).

contraire il s'intéresse à tout et n'exclut aucun objet du champ de ses études ou observations. Je me suis même souvent demandé comment le créateur de ces blondes prairies ensoleillées où quelques vaches se profilent sur l'horizon fuyant et où l'éther azuré se réfléchit dans l'abreuvoir — comment cet homme trouvait encore le temps de lire et de retenir tant de choses, et d'être, par-dessus le marché, un.... entomologiste des plus distingués.

Rien de caractéristique comme son initiation à cette science naturelle. Il lui suffit de faire la connaissance de quelques entomologistes belges, dont plusieurs sommités en ce domaine, pour éveiller la vocation de naturaliste qui couvait depuis longtemps en lui. Son goût pour l'entomologie est même si vivace,

Environs de Bloemendael, d'après une étude à l'huile.

qu'il ne s'agit plus d'une marotte d'amateur, mais d'une étude passionnante,
et que Roelofs compte aujourd'hui parmi les autorités scientifiques. (Il fut le
fondateur de la Société Belge d'Entomologie, et il l'a présidée deux ans). Son
art, sa compréhension du paysage s'explique même par sa science de naturaliste.
Quiconque se voue comme lui, de cœur et d'âme, à l'étude des insectes
minuscules, trahit par là un souci du détail, un besoin d'exactitude et de
précision. Le classement d'un coléoptère exige un examen minutieux, une
observation attentive de particularités quasi-inappréciables. Si l'entomologiste
se double d'un peintre, celui-ci sera un peintre scrupuleux qui cherchera à se
rendre compte de ce qu'il voit, qui ne se contentera pas des apparences mais

Schaerbeek, près Bruxelles, d'après un dessin.

qui scrutera et approfondira les choses jusqu'à leur essence même. Et tel est
en effet Willem Roelofs. Les qualités qui justifient sa prédilection pour une
science exacte, le caractérisent aussi comme peintre.

Mais ce maître épris de données positives et enclin, pourrait-on croire, à cette
sagesse trop prudente qui est le propre de beaucoup de savants, est au
contraire un esprit libre et hardi, un novateur en art. C'est lui qui le premier
introduisit dans l'art néerlandais une conception plus large puisée dans la
pratique des paysagistes français. Après avoir été pendant un an l'élève de
H. van den Sande-Bakhuijzen et après être demeuré six ans à Utrecht, il revint
à la Haye mais pour repartir bientôt, sur les conseils de ses amis, et aller

s'établir á Bruxelles. Il demeurait depuis quarante ans dans cette aimable ville quand il y a quelques années, l'éducation de ses deux fils le rappela dans sa patrie. C'est à Bruxelles qu'il s'est formé. Il y a vu les œuvres des maîtres français et y a appris à admirer Troyon. De fréquents voyages à Paris et un séjour à Fontainebleau complétèrent son éducation artistique. C'est sous ces influences qu'il s'est affranchi du goût, alors régnant, pour les petits tableaux meublants, finement traités, lèchés et „blaireautés", et qu'il est arrivé à cette saine et large conception de l'art à laquelle l'expérience et la maîtrise le rendent plus fidèles que jamais.

Son séjour à Bruxelles fut très important aussi à un autre point de vue. Tout en peignant les sites poétiques ou mélancoliques de Fontainebleau et de la Campine, il fut pris de nostalgie, il éprouva, lui aussi, le besoin de revoir le petit coin de terre où s'était dressé son berceau. Contrairement à ce que dit ce sot proverbe: „loin des yeux, loin du cœur" plus il s'était éloigné de son pays et plus il s'en absentait, plus aussi il aspirait au bonheur de s'en rapprocher. Il lui tardait de retrouver le paysage patrial. De là toute une série de pérégrinations estivales en Hollande, à Utrecht, en Gueldre, à Drenthe.

Vreeswijk sur la Lek, d'après un dessin.

Véritables voyages de *redécouverte*, ils lui procuraient des impressions d'autant plus vierges qu'il voyait ces paysages avec des yeux plus modernes, débarrassés des souvenirs de la peinture des paysagistes néerlandais d'autrefois. Qu'on se représente la jouissance qu'il éprouvait, au sortir des campagnes désolées du Nord-Est de la Belgique, de se retrouver au milieu de „nos vertes et sapides prairies d'où les vaches vautrées et repues n'émergent qu'à mi-corps," (cette suggestive définition est de Gram). Comme il s'agissait de se hâter, de faire ample provision d'études avant de regagner son atelier pour le travail de

Près de Gouda, d'après un dessin.

l hiver, le peintre hantait surtout les coins les plus caractéristiques et, si l'on peut dire, les plus „hollandais" de son pays. Or nul ne les vit avec cette ferveur, et ne les interpréta, par conséquent, avec cette intensité d'accent. C'est ainsi qu'il est devenu le créateur de notre véritable école nationale, traitant de préférence tout ce qui nous est particulier, ce que l'on ne voit que chez nous.

Cela nous paraît très simple et tout naturel, à présent que les salons nous apportent annuellement des centaines de "Paysages hollandais." Quand Roelofs ouvrit la voie, ce fut une véritable innovation. Il rompait ouvertement avec le paysage académique et plus ou moins romantique, en dehors duquel il n'y avait rien d'officiellement beau. A tel point qu'à son arrivée à Dordrecht, on lui demanda ce qu'il pouvait bien venir peindre *de ce côté!* A Abcoude, il se trouvait tout seul, car *de ce côté* aussi, il n'y avait rien qui valût la peine d'être peint! La légion de rapins qui s'abattent actuellement comme un essaim sur nos villages et y plantent leurs chevalets pour y étudier d'après nature, pour surprendre les jeux de l'ombre et de la lumière, pour se rendre compte des oppositions et des dégradations de la couleur, ne sont que les disciples, les imitateurs de Roelofs qui, le premier, ouvrit les sens du public à la poésie dont vibre, dont est saturé le paysage hollandais, si longtemps méconnu.

C'est précisément cette poésie qu'il a prétendu exprimer. Mais il s'y est pris autrement que ses prédécesseurs qui vous accablaient de leur prétentieuses compositions et vous imposaient toujours le même point de vue, le classique bouquet d'arbres traité d'une façon rudimentaire. Les paysages de Roelofs ne se recommandent pas d'une étiquette poétique. Ils vous transportent en tel coin du pays, à tel moment choisis par le peintre; ils vous font respirer l'air

Près de Kinderdijk, d'après un dessin.

tiède et les parfums de l'été, ils vous exposent aux caresses du cordial soleil. — Et cet art serait-il inférieur parce qu'il exige quelque collaboration de la part de celui qui l'admire? Non, n'est-ce pas?

Or par quel moyen, le magicien vous donne-t-il l'illusion que vous vous trouvez réellement où il fut? Où gît le secret d'un art qui vous communique avec cette force et cette justesse l'impression éprouvée par l'artiste? Il s'agit tout simplement de peindre ce que l'on voit. La formule est laconique comme toute vérité. Roelofs y fait tenir quantité de préceptes corollaires. Ainsi il ne se contentera jamais de l'à-peu-près, sous prétexte que „cela *fera* tout aussi bien!" S'il est ennemi de cette exécution mal comprise qui se perd en

d'innombrables détails pour négliger l'„effet" même, il est tout aussi hostile
à l'excès contraire, lequel consiste à ne se préoccuper que de *l'impression*, c'est
à dire d'une opposition d'atmosphère et de paysage à l'exclusion de tout le
reste. „*Nous* distinguons la couleur du dessin," dit Roelofs, „parce que nous
ne pouvons faire autrement, mais la nature ne procède pas ainsi. Elle ne prête
pas d'abord une forme aux objets pour la colorier ensuite. La forme et la
couleur sont inhérents à l'objet même qu'il s'agit pour nous de peindre. En
négligeant une de ces deux conditions, nous ne nous acquittons que de la
moitié de notre tâche." Ainsi, il s'ingénie à rendre le ton, la distribution

Ecluse près de Kinderdijk, d'après un dessin.

particulière de la lumière, la couleur juste; ainsi il se flattera de vous communiquer
l'impression qu'il éprouva là, justement là, à ce moment précis, mais sans
négliger pour cela l'éloquence des formes, c'est-à-dire qu'il s'applique au dessin;
et par le dessin il entend, non pas la copie minutieuse, mais la reproduction
du caractère essentiel de la „physionomie." Enfin, il semble constamment
préoccupé de ce que Ingres appelait la „probité dans l'art."

Roelofs a-t-il réussi? Quiconque se fait une opinion d'après les témoignages
officiels en trouvera la preuve dans ce fait que le premier tableau envoyé par
lui au Salon de Bruxelles décrocha la médaille d'or et fut acquis par le roi
des Belges, — et dans cette longue liste de distinctions et de récompenses qui
ont consacré sa réputation. Quant à ceux qui veulent juger par eux-mêmes,
qu'ils visitent les musées de Bruxelles, de Lille, de Liège, le musée moderne

Aux rives du fleuve, d'après un tableau.

de la Haye; qu'ils parcourent aussi les illustrations accompagnant ce texte;
qu'ils considèrent notamment la reproduction du tableau intitulé *le Gein* (au
musée royal d'Amsterdam) et qu'ils s'arrêtent enfin à la gravure faite d'après
un tableau récent; le *Paysage à Bloemendaal.* Ceux-là constateront la fermeté
inébranlable avec laquelle il s'est gardé aussi bien de la peinture fignolée qui
était à la mode au temps de sa jeunesse, que de l'impressionnisme exclusif
qui règne aujourdhui. Ils verront combien Roelofs a affirmé et fortifié sa belle
et robuste personnalité, en évitant les excès d'une école tout autant que ceux
de l'école antipodique, et en leur empruntant à toutes deux ce qu'elles ont de
louable et de bien.

L'interprétation poétique et artistique du paysage par Roelofs est donc aussi
dégagée de cet art abstrait d'après lequel la nature ne serait qu'un prétexte
pour exprimer certaine *disposition* immatérielle, qu'affranchi de ce réalisme
outré qui se borne à ne rendre que l'extérieur brutal des objets. Au milieu
des excentricités et des bizarreries résultant de l'application de théories extrêmes,
il poursuit tranquillement son œuvre probe et sincère, persuadé de cette vérité:
les modes passent et l'art reste.

Dans mes rapports avec Roelofs, j'ai fait une remarque que je consignerai ici,
parce qu'elle achève de caractériser le personnage. La plupart des individus très
convaincus, à idées personnelles très arrêtées, ne voudront pas admettre que la

Le „Dam" à Leide, d'après un dessin.

vérité puisse se trouver du côté de leurs adversaires ou contradicteurs. Celui
qui marche droit, sûr d'atteindre le but, découvre rarement le moindre mérite
chez ceux qui ont pris une autre voie que la sienne. L'intransigeance est
généralement synonyme de partialité et d'exclusivisme. Les peintres tout les
premiers ne sont disposés à admettre pour bien que ce qu'ils font. Roelofs fait
exception. Peut-être mieux que tout autre sait-il ce qu'il veut. Pas de convictions
artistiques plus entières que les siennes. Et pourtant, avec quelle bienveillance

„Pâturage hollandais"
D'APRÈS UNE AQUARELLE
dans la possession de Mr. H. W. Mesdag.

il juge ses confrères! La conception, la tendance, le procédé allassent-ils à
l'encontre des siens, quelque saugrenue ou franchement mauvaise que puisse
paraître la peinture aux yeux les moins prévenus, Roelofs y découvrira des

Une mare à Noorden, d'après un tableau appartenant à M. J. Jochems.

„qualités". Il attirera votre attention sur le moelleux et la finesse d'un ton,
sur la ligne d'une figure, sur un effet juste, sur un accessoire „bien à sa place."
„Hein, que ce petit bonhomme *fait* bien, là?"

Pareils propos reviennent souvent sur ses lèvres. En causant, Roelofs procède
presque toujours par interrogation. Sans doute s'interroge-t-il lui même sur
la valeur de la toile qu'il vient d'achever. A vous et à moi il demandera si
nous ne trouvons pas son paysage un peu noir ou ce ciel un peu lourd; il con-
sultera sa femme sur une touffe de roseaux à planter dans le coin de cette mare.

Je me rappelle encore une visite que je lui fis à Bruxelles. Je monte l'escalier, je franchis la silencieuse anti-chambre, je soulève les portières. Le voilà
planté en pleine lumière de l'atelier, en tenue de travail, les attributs de son
métier à la main, devant un grand chevalet sur lequel repose, largement
encadré d'or, un tableau encore inachevé.

En me saluant cordialement il s'informe des miens avant que j'aie le temps
de lui demander des nouvelles de sa propre santé. Après qu'il m'a offert la
goutte et le cigare habituels, et une place sur le canapé, il se met à me
parler du tableau auquel il est occupé.

— Je suis en train de me demander, dit-il, si cette ligne ne se répète pas
trop souvent.

Je prends cette question pour de la pure rhétorique jusqu' à ce que par un
„hein?" il m'arrache une réponse quelconque de la gorge.

— Je ne sais pas, telle est cette réponse sincère et peu compromettante.

— C'est un peu la même chose, hein? des deux côtés, pas vrai?

— Peut être bien! m'aventuré-je à dire.

Mais ça ne lui suffit pas; il me faut donner un avis. Je m'ingénie à lui
donner cet avis le plus modestement possible et profite d'un moment où Roelofs
ne prenant, comme il a raison, conseil que de lui même, se met, sourd à mon
bredouillage, à barbouiller à nouveau son ciel — pour me lever et faire le tour
de l'atelier. Les parois sont couvertes entièrement d'études au simple cadre
d'or, et représentant autant de souvenirs, de reliques de ses voyages. Il y en

A Vogelenzang, d'après un dessin à la plume.

a de Fontainebleau, de la Campine; d'autre rapportées d'Ecosse. Je remarque
un violent et fantastique effet de lumière sur la digue de Leide. Partout où
il a voyagé, il a peint. Mais la plupart de ces études représentent une prairie
avec quelques bestiaux, quelques arbres, une mare et un horizon plus ou moins
mouvementé; je dis plus ou moins, car tantôt ce sont quelques rares petits
nuages, presque des flocons, tantôt des nuées grandioses, „de celles qui font
rêver." Les vaches sont d'introduction relativement récente dans ses tableaux.
Elles y figurèrent en même temps que les mares fleuries de lys d'eau. Les
chênes s'y prélassent depuis ses débuts. Mais chênes, abreuvoirs, bétail, c'est
toujours vu, pris sur le vif; c'est peint avec la conviction ardente, qu'il suffit
de le „rendre" comme on le sent, pour amener chez celui qui regardera la

toile, l'impression admirative que ressentait l'artiste lorsqu'il choisit ce coin et ce moment-là. Rarement il arrivera à Roelofs de composer son „motif". A quoi bon? La provision est-elle épuisée? Tout a-t-il été interprété? Aucun été ne s'écoule sans que Roelofs ne se rende, avec son attirail de peintre: boîte, chevalet, parapluie et chaise pliante à Noorden, à Abcoude, à Voorschoten, pour étudier à nouveau la nature comme s'il ne l'avait jamais vue. A voir ce vigoureux homme, chargé de son bagage professionnel, parcourir le pays en tous sens, jamais on ne s'imaginerait qu'il célèbrera prochainement son soixante dixième anniversaire. Il est arrivé que, tandis qu'il peignait, installé au bord de la route ou au milieu d'un champ, un paysan vint à passer qui hochait la tête à la vue de ce vieillard n'ayant rien de mieux à faire que de barbouiller sur la toile un „pignon de la ferme de Jan le Rousseau". Peut être le prenait-il même

Aux rives du fleuve, d'après une aquarelle appartenant au comte Duval de Beaulieu, à Bruxelles.

pour un invalide du cadastre. D'autres passants, gagnés par sa mine loyale, songèrent sérieusement à se l'attacher en qualité d'agent ou de voyageur, persuadés qu'ils procureraient un emploi lucratif à ce pauvre hère. Mais en lisant dans le journal qu'il y avait à voir à telle ou telle exposition un superbe paysage de Roelofs, plein de lumière, de chaleur et de poésie, aucun d'eux n'aura soupçonné que c'était là l'ouvrage de ce vieux monsieur que des femmes de pêcheurs de Katwyck, jugèrent, à voir ses cheveux blancs, „être loin dans les quatre-vingts". Aucun n'aura su que la petite toile insignifiante sur laquelle ils n'aperçurent qu'un mélange confus de couleurs, deviendrait, sous ses doigts, un chef-d'œuvre, un monument de ces splendeurs naturelles que notre pays offre à quiconque possède des yeux pour en jouir.

De préférence il fait ses voyages en compagnie.

De même qu'il se dit redevable au paysagiste belge L. Robbe de sa science du voyage, de même beaucoup de jeunes gens lui devront, pour l'avoir accompagné, d'avoir regardé et compris la nature comme elle demande à être regardée et comprise. Il y a trente ans c'était A. Mollinger (décédé depuis longtemps)

A Noorden, d'après un dessin.

que Roelofs s'estimait tout fier d'avoir piloté à travers le pays. Plus tard il excursionna de même avec H. W. Mesdag, J. Th. Kruseman et Storm van s'Gravensande. A présent son compagnon de route est généralement F. Smissaert dont il suit l'œuvre avec beaucoup d'intérêt. — Une autre fois, il part avec des artistes de sa génération, Weissenbruch ou Van de Sande Bakhuijsen.

On croirait, l'ère des „voyages d'étude" étant depuis longtemps passée pour le maître, qu'il en prend à son aise à présent.

— A quelle heure dîneront ces messieurs? demande l'aubergiste.

Et Roelofs de répondre, comme si la chose allait de soi.:

— Cela dépendra de l'heure à laquelle on trait les vaches ici.

Roelofs sait par expérience que c'est pendant qu'elles sont à l'étable qu'on peut le mieux les observer. De là ses instructions à l'aubergiste. Et ce n'est pas un jeune artiste qui pousse à ce point le souci du bon travail! Il ne s'agit pas d'un débutant qui doit „ouvrer" dur pour faire sa trouée, mais bien du fondateur et membre d'honneur de la Société Belge des Aquarellistes, d'un de ceux qui furent de la création de „Pulchri Studio", d'un maître dont les œuvres sont couvertes d'or depuis quarante ans.

On devient peintre par vocation et, dans ces conditions, le travail est plutôt un plaisir qu'un devoir, mais, dans le cas de Roelofs, l'activité infatigable, la perpétuelle recherche du mieux, la constante aspiration à un *rendu* plus

Le „Gein" d'après le tableau du Musée de l'Etat d'Amsterdam.

parfait, à une habileté supérieure, à plus d'harmonie entre la volonté et la réalisation ; tout cela nous inspire une profonde estime pour ce rude „piocheur."

Car Roelofs ne croit pas avoir atteint déjà le but. Il connaît ce doute et ce mécontentement communs aux vrais artistes. Dans l'œuvre de la veille il voit surtout les défauts. „Ce n'est pas encore cela!" dit-il, alors que vous et moi nous nous extasions devant cette exquise tonalité blonde, cette fraîche prairie, ce vert naissant. „Ce n'est pas encore ça!" Et voilà qu'il reprend le ciel ou le sol, pour le reprendre encore jusqu'à ce que le tout se rapproche un peu plus du *cela* qu'il veut atteindre, de „ce qu'il voulait dire." Pourquoi ces

l'Atelier de W. Roelofs, d'après une photographie.

tâtonnements? Ils dépendent de l'idéal que s'est proposé l'artiste. Plus cet idéal sera élevé, plus grand aussi sera l'artiste, mais plus assidu, et parfois pénible aussi, son effort!

Oui, il est difficile de faire un bon tableau, disait Roelofs, se parlant à lui même, la dernière fois que je le vis. Qui s'en étonne et ne comprend pas que quelqu'un qui a été initié comme moi dès l'enfance aux charmes de la nature (surtout par ma mère) et qui s'est consacré à l'art depuis un demi-siècle, s'exprime en ces termes, celui-là ne comprend rien non plus au rôle de l'artiste!

Celui-là ignore que l'art est bien autre chose qu'une plus ou moins grande habileté de main, que l'application d'une recette convenue. Celui-là ignore qu'il est des moments où l'artiste défaille, persuadé qu'il est de l'insuffisance de son talent, quitte à se relever l'instant d'après et à rendre en quelques traits sûrs et inspirés ce qui sommeillait si longtemps en son cœur!

Oui, le profane ne parviendra pas à concilier ces recherches et ces tâtonnements avec le métier d'un Roelofs, avec sa profonde connaissance de la nature, avec sa pratique continuelle! Heureusement beaucoup d'artistes trop consciencieux finissent par se consoler à la pensée que, de leurs honnêtes efforts, sortira tout de même une œuvre d'art, laquelle, s'ils n'en sont complètement

Un coin à l'ombre, d'après une aquarelle.

satisfaits, procurera du moins quelque jouissance à ceux qui la contempleront!

Pourquoi Roelofs était-il découragé, cette fois? Parce que ses yeux se rappellent encore le prestigieux effet de couleur et de lumière devant lequel il tomba en arrêt. Parce qu'il est semblable au poète qui rêve d'un séjour enchanteur et sublime où des nymphes adorables longeaient un ruisseau mélodieux en se tenant par la main. Il s'est réveillé, le poète, et il s'efforce de fixer, au moyen de paroles et de sons, le mirage céleste que la fantaisie déroula devant ses yeux. Mais lui-même se rend compte de l'abime qui sépare son poème de son rêve, et il maudit son impuissance, et il se désole devant la froideur et la mollesse de ses vers, devant la pâleur de ses rimes!

Roelofs est un de ces poètes. Le pays de ses rêves est si beau que nous nous extasions rien qu'à écouter ce qu'il nous en raconte et à la vue des échappées qu'il nous ouvre sur ce paradis; mais, chagrin, il se dit à lui-même: "Ce qu'ils voient n'est rien encore; de merveilleux trésors leur demeurent cachés!" Grâce à un contact permanent, il faut connaître, comme lui, la nature à fond, pour la goûter, pour en jouir aussi complètement. Ce devant quoi nous passons avec indifférence ou qui nous semble quelconque ou même déplaisant, l'attire et le charme jusqu'au ravissement, et tandis que vous vous demandez ce qu'il peut bien trouver de si curieux dans ce méchant coin de nature, son âme de poète a ressenti toute la poésie de cet endroit méconnu, et il vous en dira le charme tel qu'il en aura été pénétré. Alors, nous qui passions indifférents devant l'original, nous admirerons l'œuvre d'art et nous déplorerons de ne pas avoir appris à *voir* comme lui. Mais nous serons reconnaissants envers cet homme élu qui supplée au don qui nous manque. Nous lui saurons gré du chant qu'il ne cesse de nous redire et qui exalte notre cher, notre superbe paysage hollandais avec cette poésie qu'une nature généreuse et réceptive comme celle de Roelofs, parvient à y puiser à notre intention.

Lorsqu'il y a quelques jours j'„interviewai" Roelofs pour lui soumettre le plan de cette causerie et lui demander l'un et l'autre renseignements, il dit à la fin de notre entretien (de son séjour prolongé à Bruxelles il a gardé une prédilection pour des expressions françaises):

— Et surtout n'en faites pas un *panégyrique*, hein?

Je lui promis de me rendre à son désir.

A présent que je me relis, je constate que le morceau ressemble pourtant à ce dont Roelofs ne voulait pas .... Mais allez donc parler de quelqu'un que vous estimez et vénérez, sans livrer la moindre issue à ces sentiments intimes!

La faute en est-elle bien à votre serviteur?

JOZEF ISRAËLS.

PAR

J. DE MEESTER.

Les porteurs d'hamac, d'après un tableau.

JOZEF ISRAËLS.

J'habitais Paris, lorsqu'il me fut donné de voir Joseph Israëls et de lui parler
pour la première fois. Enfin je faisais la connaissance de cet homme que
j'admirais et vénérais depuis si longtemps. A l'occasion du Salon de mai, il
a, ou plutôt il avait coutume, du vivant de sa femme qui aimait les voyages et
à qui Paris plaisait particulièrement — de descendre quelques jours au *Grand
Hôtel*. Je le vois encore, lui dont l'extérieur n'offre rien qui saute aux yeux
de l'observateur superficiel, remettre les tickets du dîner au personnage d'apparat,

au majesteux larbin de cérémonie qui officiait à la porte de la grande salle à manger. Il y avait quelque chose de méprisant ou tout au moins d'impertinent dans le regard que l'imposant dignitaire de table d'hôte laissa tomber sur ce petit client de si peu d'apparence et de mise presque négligée. Songez donc, l'huissier si décoratif, portait au cou une chaîne d'argent tout comme un bourgmestre et il étalait, en plus, un jabot d'une blancheur si éblouissante, alors que chez M. Israëls, ce plastron de chemise qui contribue pour la plus grande part à l'élégance masculine, n'avait même pas été repassé !...

Jeune pêcheur.

Je n'oserais pas garantir que notre artiste fût invariablement enchanté de toutes les minutes de son séjour à Paris. Mais du moins se montrait-il toujours d'une excellente humeur. Quelle joie de vivre ! Une seule fois, dans la vivacité hautaine avec laquelle il remit à sa place un garçon malappris, je perçus une lueur de l'impatience que lui causait le tohu-bohu dans lequel l'entraînait sa désertion du foyer natal, mais ce n'était là qu'un éclair passager ; et, aussitôt après, à propos de la qualité des mets, de la magnificence de la salle et du couvert, du cosmopolitisme et de l'élégance bigarrée de la tablée, il ne tarissait pas en remarques et en observations piquantes et joviales. Bénévolement il se laissait remorquer ensuite jusqu'au théâtre ; se chargeant des parapluies et des manteaux, et faisant queue, la bourse ouverte, pour prendre nos places au guichet. En revanche, si le spectacle n'était pas de son goût, il ne tardait pas à nous proposer, avec un peu de commandement dans la voix, de nous rendre autre part. Parfois, au cours de la représentation il lui arrivait de relever et de signaler des détails méritants, et de prouver à ceux des nôtres vivant depuis longtemps à Paris, que ce compatriote transporté brusquement dans ce milieu fébrile n'y perdait nullement la carte et gardait sur toute chose sa façon de voir, son jugement personnels.

Ou bien, aux passages faibles et languissants de la pièce, il se mettait à nous conter, presque à haute voix, sans s'inquiéter des spectatrices des loges voisines, la visite qu'il avait faite ce jour à l'une ou l'autre célébrité ; ou il nous rendait compte des impressions rapportées de ce Louvre qu'on ne saurait jamais surfaire. Et à mesure qu'il parlait, ce n'était plus l'infime et obscur consommateur que le superbe maître d'hôtel avait toisé tout à l'heure avec tant de protection, ou le spectateur anonyme se morfondant aux portes du théâtre, confondu avec le menu-fretin du public, et chargé comme un commissionnaire, mais c'était l'artiste, l'intellectuel supérieur, Joseph Israëls enfin, qui s'imposait par une simple phrase, par un mot profond et dont la personnalité s'affirmait intransigeante et solide, réfractaire à toutes les influences de la mise en scène boulevardière. A la vérité il s'accommodait assez bien de cette vie parisienne, pour quelques jours. Sa femme avait besoin de toilettes et il n'était pas fâché de visiter le Salon où il exposait aussi. Il était même curieux de savoir ce qu'on pensait de son œuvre dans ce grand Paris. Et précisément parce qu'il possède une nature si généreuse et si réceptive, parce qu'il déborde de vie, d'intelligente curiosité, de sympathie universelle, il s'intéressait à quantité de petits détails et de particularités de l'existence cosmopolite. Mais l'essentiel, l'âme même de son être n'avait pas quitté un instant son *home* de la „Koninginne-gracht."

J'ai rencontré à Paris de jeunes artistes hollandais qui, eux aussi, étaient demeurés complètement étrangers d'esprit au tourbillon des plaisirs boulevardiers. J'admirai leur force de caractère, mais toutefois dans leur réserve et dans leur souci de se tenir à l'écart du grand courant, il y avait quelque chose de boudeur et de hargneux plutôt fait pour me déplaire. Ils me faisaient l'effet d'un bourgeois de Kampen ou de Leerdam qui ne ferait aucune différence entre les Champs-Elysées et la „promenade de chez nous." Israëls au contraire se gardera bien de hausser dédaigneusement les épaules devant les

Laboureur se rendant aux champs.

manifestations d'une civilisation à la fois raffinée et féconde. Comme Huet, un Hollandais aussi, il a goûté et apprécié l'intellectualisme français. Sous cette frivolité et cette agitation à la surface il sait combien cet énorme Paris recèle de hautes idées, de purs et vibrants génies, de conceptions sublimes. Et lorsque des célébrités de France le reçoivent avec une exquise prévenance, lorsqu'un journal universel comme le *Figaro* lui consacre de flatteuses études, il n'aurait garde de se montrer insensible à ces attentions et à ces hommages. Il demeure donc très supérieur à beaucoup de jeunes gens qui se recommandent de lui, en ce sens qu'il n'a pas considéré la formidable expansion de vie matérielle et physique à Paris avec le puritanisme farouche et vaguement envieux d'un honnête mais étroit provincial, mais qu'il a découvert, sous ce torrent de luxe et de jouissances, un courant non moins intense de passion intelligente et spirituelle. A la vérité, tout en prenant sa part des agréments

                JOZEF ISRAËLS.

et des raffinements de la vie parisienne, il donnait constamment à entendre
que ces délices et ces charmes ne pourraient jamais le séduire jusqu'à le lier
et le retenir. C'est sans doute à raison de ses aspirations supérieures qu'il

Enfants de pêcheurs.

affirma un jour, — la seule fois que je parvins à mettre la conversation sur la
peinture francaise d'aujourd'hui — sous une forme négative, son culte pour la
seule force créatrice de tout art: „Voyez vous, les Francais manquent d'amour!"
Sans doute le maitre aura-t-il un sursaut de protestation si cette notice lui

tombe sous les yeux, et s'il y trouve reproduit ce propos qu'il me tint autrefois. *Les* Français! Je me hâte de faire observer au lecteur que par *les* il n'entendait pas *tous*. Il ne visait que le fourmillement mondain de célébrités universelles, nationales, départementales, locales et d'ateliers qui se donnent rendez-vous, chaque printemps, au Salon du Champ de Mars. L'illustre peintre Hollandais ne trouve rien dans leur œuvre qui porte le cachet de l'art. Il n'y trouve plus ce que précisément des Français lui mirent jadis, pour la première fois si nettement sous les yeux; le trésor qu'il se trouva posséder lui-même au fond de son cœur quand on le lui montra en France.

L'histoire de cette découverte n'est pas si connue qu'elle ne trouve sa place

Repos.

ici. Israëls s'initia à Groeningen aux premiers éléments de son métier. En 1840 — il y a donc bien des années! — il entra dans l'atelier de Jan Kruseman, le grand homme de cette époque. L'animation et le pittoresque des rues d'Amsterdam, et surtout la cohue grouillante des juifs dans la rue Large, contribuèrent plus à sa culture artistique que les leçons de Kruseman. On sait que Rembrandt aussi ne s'arrachait qu'avec peine à la contemplation de la populace des quartiers juifs. Puis ce furent des tableaux français qui éveillèrent en Israëls des sensations concordant avec ses rêves et ses instincts d'artiste. Des sensations analogues lui étaient venues devant les tableaux des vieux Hollandais. Désormais il n'eut plus de doute. Les tableaux modernes français se rapprochaient bien plus des maîtres nationaux, que la peinture académique et figée des Hollandais d'aujourd'hui. Les germes que l'atelier de Kruseman menaçaient d'étouffer en l'âme d'Israëls, les maîtres français les firent lever et fructifier.

Et Israëls se rendit à Paris où les siens lui firent une pension assez maigre,
mais il y trouva quantité de camarades encore plus "serrés" que lui. Paris
est dangereux pour beaucoup de jeunes étrangers, mais s'ils ne se laissent pas
détourner de leur voie, la vie y est plutôt édifiante et instructive, parce que
les ambitions y sont constamment stimulées. A Amsterdam et à la Haye on
rencontre aussi un grand nombre de débutants forcés de se priver, mais les
aliments de consommation ordinaire étant moins chers qu'à Paris, ils ont moins
à souffrir de privations. D'autre part la simplicité du train de vie en Hollande,
nos mœurs patriarcales et discrètes sont cause qu'ils ne voient pas si distinctement qu'à Paris à quelle pros-
périté matérielle et morale
peut conduire la renommée.
Israëls, chez qui un tempérament d'israëlite aiguisait et
exaspérait les appétits, trouva
souvent la vie, aux rives de
la Seine, intolérable comme
un enfer et il lui arriva maintes fois de douter de sa vocation. Au surplus, pas plus que
le bonhomme Kruseman, le
vieil académicien Picot, ne contribuait à faire du jeune Joseph
ce qu'il devait devenir par la
suite. Picot se montrait fort
aimable à son égard et il
prévoyait déjà son talent, peut-
être même voyait-il plus clair
dans l'avenir d'Israëls que celui-
ci, mais primo : Picot ne pouvait
lui donner ce qu'il ne possédait lui-même ; et secundo : à
l'atelier étaient attachés d'autres professeurs, Paul Delaroche entr'autres, dont le dog-

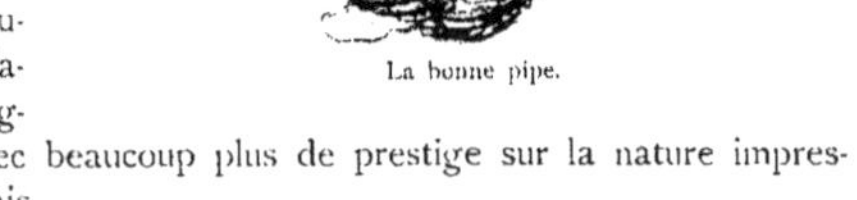

La bonne pipe.

matisme agissait encore avec beaucoup plus de prestige sur la nature impres-
sionnable du jeune Hollandais.

L'utilité de son séjour dans la grande ville ne lui fut démontrée que plus
tard, quand, après deux ans, il se retrouva dans Amsterdam. Quel calme et
quel repos ! A présent il se rendit compte de ce qu'il avait appris dans l'énorme
fournaise où souvent il s'était senti comme annihilé et vidé. Il se mit à
travailler d'après ce qu'il avait vu au Louvre et ailleurs. Il osa marcher de
l'avant. Et il était heureux qu'il possédât cette dose d'audace car il ne rencontra

„La petite couturière"

D'APRÈS UN TABLEAU

au Musée Communal de la Haye.

guère d'encouragements à Amsterdam. Aux Exposition-Israëls organisées l'an dernier, à Rotterdam et à la Haye, on remarqua, surtout à celle de Rotterdam, plus d'un morceau d'une époque reculée qui paraissait ne pas être de lui, tant cette peinture dépourvue de sentiment et de personnalité différait de celle des périodes postérieures. Si on s'était donné la peine de les rechercher, on aurait découvert des Israëls authentiques, dûment signés, séparés par des abîmes encore plus larges de ceux qui portent sa marque personnelle et bien tranchée, et qui composent son *œuvre* véritable. Et cependant à l'époque où ils parurent ces tableaux furent considérés par la masse comme très révolutionnaires, c'est-à-dire qu'on les trouva dénués de toute beauté. Pour se rendre compte d'une façon saisissante du changement qu'il a apporté, lui le premier, dans la peinture hollandaise, il faut voir un de ses tableaux, peints de 75 à 95, entre un Pieneman et un Kruseman, ou mieux il faut comparer un tableau de ses débuts à ceux qu'il peignit dans la suite. Et dire que ces premiers tableaux étaient considérés comme fous et grotesques, ou qualifiés plus durement encore !

Pêcheur de Zandvoortsche.

Sans doute notre enthousiasme ne va-t-il pas à des „machines" telles que le *Taciturne*, le *prince Maurice*, *Hamlet*, que le goût historique, romantique et

L'hiver de la vie.

théâtral lui dictait à cette époque. Mais telles qu'elles sont, ces œuvres sont supérieures à celles du même genre exécutées par d'autres peintres. On y

trouve une indication, une promesse. Dans le choix du sujet, dans la conception, même dans le couleur se ré-
vèle une parcelle de cette vivante humanité qu'Is-
raëls, le premier, aura introduit de nouveau dans la peinture néerlandaise.

Elle était morte cette peinture. Les manieurs de pinceaux ne met-
taient aucune con-
viction, aucune chaleur d'âme dans leur travail. C'étaient des dessinateurs assez adroits, qui se li-
vraient à de pâles imitations de la nature, qui peignaient indistinc-
tement des plan-
tes, des animaux ou des hommes sans même saisir ce que chaque mo dèle présentait de particulier et de différent dans la forme et la couleur. Encore moins semblaient-
ils se douter que tous les objets visibles ont un côté intime, une vie intérieure, qui sympathise avec

Sur les bras de grand-père.

notre propre conscience et qui, pour ce motif, est le seul côté qui nous intéresse.

Sans doute dès ses premiers ouvrages Israëls n'ignorait pas cette vérité. Seulement il ne parvenait pas encore à l'exprimer. Par la suite ses efforts ont été bénis. Il a lutté et il a vaincu. Non seulement il a dit admirablement ce qu'il avait à dire, mais il a appris aux hommes à le comprendre.

D'aucuns se représentent un artiste comme un favori des dieux, taillé tout d'un bloc, ayant la science infuse, sachant d'emblée ce qu'il veut et ce qu'il fera, indifférent à tout ce qui l'entoure, ne déviant pas un instant de la route qu'il s'est tracée dès son entrée dans la carrière. S'il en existe de cette espèce, Israëls n'en est certes pas. Il n'est même pas homme à sympathiser avec un artiste qui, semblable à Robinson, retiré dans une île déserte avec Vendredi, n'aurait de commerce qu'avec son idéal et vivrait comme s'il n'existait plus d'autres hommes que lui. Quoique la vie sociale lui pèse souvent, que le monde le fatigue, que les conversations des sots lui fassent endurer le martyre, jamais il n'a témoigné le désir de se renfermer dans une tour d'ivoire, solitaire et inaccessible. Il se réjouit des suffrages que son œuvre rencontre, son plaisir d'artiste se double de celui qu'il procure à ses admirateurs: et cela, parce que, semblable à tous ceux de sa race, il trouve un profond et souverain plaisir dans le contact des hommes.

Israëls est bien plus sociable, bien plus mêlé à la vie publique que Jacob Maris. Récemment à l'occasion d'une magnifique exposition de celui-ci, ses amis et admirateurs, de nombreux peintres, lui offraient un banquet d'une centaine de couverts. Il prêta sans doute une oreille complaisante aux toasts et aux harangues qui l'encensèrent à la fin du repas, mais sans se départir un instant d'un sourire vaguement sceptique, et quand tous y furent allés de leurs congratulations, lui-même resta assis et ne souffla mot. Non pas qu'il fût insensible à cette démonstration cordiale et à toutes les choses flatteuses qu'on lui disait, mais sans doute estimait-il que le rôle de l'orateur est de parler comme celui du peintre de peindre, de sorte qu'après avoir entendu pérorer ses confrères il n'éprouva aucune envie de „demander la parole" pour son compte. Quoique ayant dépassé la septantaine, Joseph Israëls se comporta tout autrement l'hiver dernier en ces fêtes d'artistes où on l'accabla de discours auxquels il ne se lassa point de répondre. Pourtant Jacob Maris, aussi sain et florissant que son art même, n'a rien d'un ascète et quiconque a pénétré dans sa demeure aura constaté que les bonnes traditions des vieux Hollandais y règnent généreusement, qu'on y trouve toujours un cordial accueil et table ouverte, mais en cet intérieur il n'y a pas moyen d'oublier que l'on se trouve chez un peintre? Les façons d'Israëls, la vivacité de sa petite personne, la nervosité qui ne cesse de transparaître dans le moindre de ses traits si fins et si aristocratiques, trahissent aussi l'artiste; mais en causant avec lui on songe qu'il aurait pu devenir autre chose qu'un peintre, un romancier par exemple; on se l'imagine parfaitement ayant adopté une toute autre voie dans la société.

Au printemps de la vie et de l'année.

Certe, avec pareil surcroît de qualités d'intelligence et de caractère, dans quelque carrière qu'il eût choisie, il fût arrivé sinon à la tête du moins au premier rang.

De sorte qui si notre admiration pour cet autre grand maître d'aujourd'hui Jacob Maris, s'adresse avant tout, sinon exclusivement, à l'artiste-peintre, celle que nous portons à Israëls ne s'arrête pas au peintre mais va peut-être tout autant à l'homme si complètement et si généreusement organisé.

Qu'il me soit permis de m'étendre un peu sur cette constatation que je faisais plus haut, notamment que Israëls a réintroduit le sentiment humain dans notre peinture nationale. Je constaterai tout d'abord combien il s'y est pris „humainement" pour arriver à ce résultat. En effet il n'a pas violenté le goût du public, mais il a poursuivi progressivement d'année en année, et durant des années, la réforme à laquelle il voulait arriver.

Fatalement, des chocs et des froissements se sont produits et, malgre son adresse, alla-t-il parfois plus loin qu'il ne l'aurait voulu. Mais aussi convient-il de se rappeler dans quelles circonstances il débuta! Dans sa biographie de Joseph Israëls, M. Ph. Zilcken rapporte que, pendant les premières années de son séjour à Paris, le goût était encore si bizarre, si anti-artistique, qu'Israëls ayant exposé un portrait de vieille femme, Jan Kruseman lui conseilla de s'abstenir dorénavant de peindre de si vilaines gens, par ce qu'à pareils exercices il risquait de se corrompre le goût.

On s'imagine par l'effet que produit aujourd'hui sur nous cette inepte parole, l'indignation, la rage dans laquelle elle plongea ce jeune homme qui était un artiste et un humaniste? Nous l'entendons d'ici: „Quoi! Le portrait d'une vieille femme gâterait le goût! De vilaines gens! Comme si l'homme était jamais vilain! Et même si cette femme était laide comme la mort, en quoi cette laideur importe-t-elle?.. Je ne travaille point pour un étalage de postiches. Je ne fais point de figures de cire. Je suis artiste et n'avais point à confectionner de jolis nez, des joues vermeilles et des dents blanches, mais il s'agissait pour moi de saisir le caractère, l'esprit, l'humeur, l'âme qui *parlaient* sur ce visage!"

Force lui fut cependant d'amadouer son public, durant des années, par des *Relais en Turquie* et autres turqueries à costumes. Même lorsqu'il fut allé se réfugier à Zandvoort, qui n'était pas encore la plage mondaine d'à présent, et qu'il se mit à peindre des petits pêcheurs et leurs petites femmes, avec quelle timidité, quelle sagesse et quels sacrifices au ton régnant, il tenta de faire passer la représentation de créatures si peu intéressantes! On eut l'occasion de revoir il y a quelque temps ces premiers essais de modernisme et de vie sincère. Dieu que ces figurines de gens du peuple étaient poupines, émaillées, léchées! A la vérite, mademoiselle, vous ne blaireautez pas des pêcheurs plus gentils et plus adonisés sur vos assiettes et vos tasses à thé!

Oui, la lutte fut patiente et opiniâtre mais combien enviable le résultat obtenu! Quelle admirable carrière! Quel regard de satisfaction et de triomphe

En vigie, d'après une aquarelle.

Israëls peut jeter en arrière! A-t-il assez imposé ses vieux et ses vieilles au public gourmé ou frivole? Le glorieux septuagénaire songeait sans doute encore à l'appréciation méprisante de Jan Kruseman lorsqu'il peignait son émouvante toile *A travers champs?* Quel contemporain, quel Hollandais, quel homme d'aujourd'hui ne ressentirait pas une émotion profonde devant cet autre tableau intitulé *Lorsqu'on devient vieille*... et qui représente une pauvresse drapée dans sa mante de bure et qui, penchée, expose ses mains amaigries à la chaleur d'un poële rustique?

Jacob Maris chérit la nature et son œuvre donne la sensation de la grandeur et du mystère de la création. Joseph Israëls chérit l'humanité et rien de ce qui la concerne ne peut lui paraître négligeable ou indifférent; il ne dédaigne même point de peindre ce que les artistes d'aujourd'hui appellent *l'anecdote*. Au commencement son œuvre ne se composait pour ainsi dire que d'anecdotes, ou plutôt c'étaient *presque* des anecdotes, car ces anecdotes n'en étaient plus comparées à celles des autres peintres qui peignaient les drames et les scènes du foyer ou de la rue presque avec autant d'art que les reporters des journaux dramatisent leurs faits-divers. Peu à peu, l'anecdote joua un rôle de moins en moins important dans l'œuvre du maître (que l'on compare *Le long du cime-tière*... à ses *Femmes de Katwyck*) aujourd'hui, si l'anecdote persiste elle est à sa place, elle est un prétexte à l'expression d'un profond sentiment humain. Ce n'est pas du premier coup que le peintre est parvenu à traduire pareils senti-ments avec cette puissance. Longtemps le poète prima le peintre. Ceux qui ont visité les expositions de Rotterdam et de La Haye ont pu constater la justesse de cette observation en comparant des œuvres datant du commence-ment de la belle période d'Israëls — œuvres acquises et religieusement gardées par un des premiers admirateurs d'Israëls, M. Staats Forbes de Londres — avec les tableaux de sa dernière manière. Nous n'avions pas encore remarqué et il a fallu le voisinage de ces dernières œuvres pour nous le démontrer, combien dans ces tableaux antérieurs il y a encore de points conventionnels, gauches, étriqués et malhabiles! Alors que le poète s'était déjà révélé dans toute sa bonté, le peintre devait encore s'exprimer plus directement et se confondre plus intimement avec le poète.

Ainsi dans ses derniers tableaux de la vie des pêcheurs, on ne songe presque plus au sujet même du tableau. Autrefois il s'agissait, par exemple, d'une famille de pêcheurs prenant son repas, aujourd'hui on est empoigné par la beauté du sentiment familial dont Israëls est parvenu à imprégner cette scène de la vie journalière des pauvres gens. C'est ce que M. Staats Forbes fit ressortir avec beaucoup de pénétration lorsqu'il abandonna ses *busyness* de Londres pour venir célébrer avec nous le grand maître, son ami. D'autres pouvaient sans doute parler avec plus de compétence du peintre et de son métier, mais nul n'aurait su mieux nous dire le poète, que celui qui depuis tant d'années avait prouvé sa ferveur, son admiration pour ce poète.

Dans son discours les mots qui vinrent le plus souvent à ses lèvres furent

Par les prés et par les routes.

Un travailleur.

amour, bonté, cœur et prières. Il nous fut doux à tous d'entendre faire l'éloge d'Israëls par cet Anglais, un homme d'âge, un homme sérieux et loyal; son langage fut simple, ses phrases n'avaient rien d'apprêté. Justement on y trouvait ce qui fait le charme de la peinture d'Israëls; il parlait des choses les plus hautes comme s'il n'y avait eu là rien que de très simple, de très ordinaire, et réciproquement il donnait aux choses ordinaires et prétendûment banales une portée, une signification, une élévation inattendues. Il parla comme nous parlent les intérieurs de pêcheurs, les pauvres, les pauvresses de Joseph Israëls, comme ils nous prêchent, comme ils nous remuent jusqu'aux fibres les plus intimes.

Seuls les esprits superficiels se serviront du mot *réaliste* pour définir la plupart des tableaux du maître et ils attacheront une signification désobligeante à ce mot, parce qu'ils pourraient difficilement se représenter une „famille de pêcheurs" dans leurs salons. Par contre la vie des humbles telle que le maître l'a rendue devra plaire au plus ardent ami du peuple, parce que l'opiniâtreté avec laquelle il a cherché de la consolation dans cette misère même, ou à flatter nos sentiments intimes, ou à offrir du „pittoresque" à nos yeux, n'auront jamais entamé sa compassion. S'il avait destiné ces tableaux à ses pauvres pêcheurs mêmes, ceux-ci devraient reconnaître qu'il s'est efforcé de les consoler. Jamais ils n'auraient pu prétendre que le peintre était demeuré insensible à leur misère. Ce n'est pas sans intention que le vieux M. Forbes s'est servi des mots cœur et prière. Le public qui a adopté assez rapidement Joseph Israëls, malgré ses tendances novatrices, s'en serait tenu plus obstinément aux *Bergères Italiennes* et aux *Patinages* de Schelfhout, si le maître avait poussé ses pêcheurs à l'insurrection au lieu de leur apprendre la résignation.

Et en le prenant de plus haut, en ne songeant plus à ces pauvres diables mais bien à Israëls, nous le voyons à travers tout son œuvre comme il nous apparaît dès la première entrevue: un homme de la plus heureuse organisation, un amoureux de la vie. Nous apprenons par son art qu'il nous faut toujours accepter la vie avec reconnaissance; nous y retrouvons cet amour qu'il disait faire défaut aux peintres français du Champ de Mars. Nous découvrons de plus, indépendamment de ses efforts pour dégager le beau du prétendu laid, et le sublime du vulgaire, — qu'il nous a surtout fait voir dans ses pauvres diables de marins, des époux fidèles, d'heureux parents, des pères pleins de courage, des mères pleines de tendresse, et que, dans cette glorification de la vie familiale, il s'est montré un excellent Néerlandais et un digne fils de son vieux Peuple.

J. de Meester

HENRIETTE RONNER.

PAR

EMILE WESLY.

Sollicitude maternelle, d'après un tableau.

HENRIETTE RONNER.

Par son fameux aphorisme *le style est l'homme même,* Buffon entendait particulièrement l'harmonie existant entre la portée de la parole écrite et le
degré de culture de l'écrivain.

Probablement le styliste, brillant et coquet, songeait-il tout d'abord à lui-
même, au mondain raffiné qui ne parvenait à se servir de la plume que
lorsqu'il était assis devant son pupitre, la tête coiffée de la perruque poudrée
et enrubannée, paré du jabot et des manchettes en dentelles.

Le mot du célèbre naturaliste rencontre une portée plus étendue, car il
s'applique non seulement à l'écrivain et à son style, mais aussi à l'orateur et à
la forme qu'il donne à ses pensées, au peintre et à sa façon de comprendre

Etude à l'huile.

Etude à l'huile.

et d'interpréter la nature, au musicien et à la nature de ses mélodies, et en général à la personnalité intellectuelle de tout artiste créateur et à la toilette dans laquelle il présente au public l'enfant de son imagination.

Etude. D'après une aquarelle (1891).

Allant plus loin encore nous prétendons établir un rapport étroit entre les traits de l'artiste et le cachet qu'il imprime à son œuvre.

Supposons un instant, pour l'éclaircissement et à l'appui de notre dire, que nous rencontrions un amateur d'art qui, quoique familiarisé avec les plus remarquables productions littéraires et artistiques, n'aurait jamais vu la physionomie des auteurs de ces œuvres. Supposons qu'on soumette à ce connaisseur quelques portraits de musiciens célèbres dans leur genre, par exemple ceux de Beethoven, Mozart, Berlioz, Mendelssohn, Wagner et Offenbach. Il est presque certain que notre homme ne confondrait point le créateur de la *neuvième symphonie* avec celui du *Don Juan*; il ne prendrait pas davantage le compositeur de la *Damnation de Faust* pour celui du *Songe d'une Nuit d'été*, et il ne se méprendrait certes point jusqu'à vouloir surprendre dans la physionomie de Wagner l'esprit sarcastique et aristophanesque de celui qui fit danser le cancan aux dieux de l'Olympe.

Il serait tout aussi invraisemblable de confondre le visage de Multatuli avec la figure de Van Zeggelen, de prendre Victor Hugo pour Alfred de Musset, Emile Zola pour Alphonse Daudet, Frans Hals pour Antoine Van Dyck ou David Oyens pour Jozef Israëls.

Etude. D'après un fusain.

Toutefois, dans un seul cas, un ami de l'art néerlandais et qui connaîtrait les œuvres sans en avoir jamais vu les auteurs risquerait de se tromper grossièrement s'il s'avisait de vouloir appliquer le précepte de Buffon et de lire sur le visage de l'artiste le genre de peinture auquel cet artiste a dû se livrer. Et ce cas est celui de Mme Henriette Ronner. Je mettrais au defi le plus subtil devin de me désigner dans une série de portraits d'artistes vivants, personnellement inconnus de lui, celui de l'auteur des délicieux tableautins dont quelques reproductions accompagnent ce texte.

En effet à qui entrerait-il dans la pensée d'établir une corrélation entre le portrait d'une dame septuagénaire à la noble physionomie creusée par les rides des épreuves et des chagrins, et ces toiles et panneaux pétillants

Conflit. D'après un tableau (1891).

d'humour, brossés avec une verve juvénile, voire une „patte" quasi-virile qui excitent l'admiration unanime de tous les amateurs d'art, des plus humbles comme des plus exigeants.

Et cette admiration augmente infailliblement et se double d'estime et de sympathie, si l'on apprend que Mme Ronner a su s'élever au rang éminent qu'elle occupe parmi les artistes contemporains, par ses propres forces et en dépit d'obstacles innombrables; cette admiration va jusqu'à la vénération si l'on est mis au courant de la constance, de la dignité et du dévouement avec lesquels cette noble et digne femme a rempli ses devoirs de fille, d'épouse et de mère.

* * *

Mme Henriette Ronner n'est pas la seule de sa famille qui se soit vouée á l'art; son père comme son grand-père, ainsi qu'un oncle et une tante du côté paternel, étaient tous peintres de mérite.

Les animaux et paysages de J. Auguste Knip, le père d'Henriette, sont aussi appréciés en Hollande qu'en France où cet artiste séjourna quelques années.

Aussi la petite Henriette ayant montré des dispositions précoces et ardentes pour la peinture, son père s'estima très heureux de pouvoir guider ses premiers pas dans cette carrière sinueuse et accidentée que lui-même avait parcourue avec honneur.

Il était loin de se douter que lui-même aurait bientôt besoin d'un soutien et d'un guide: à peine âgé de cinquante ans, l'infortuné peintre fut frappé de cécité et dût renoncer à poursuivre l'éducation artistique de sa fillette. Toutefois il ne put se résoudre à confier cette éducation à des étrangers. Répugnant à tout enseignement systématique, à toute méthode exclusive et frigide, il craignait et non à tort, que les dons généreux révélés par l'enfant eussent perdu leur fraîcheur et leur originalité sous une direction pédante et autoritaire.

Sans d'autre moyen d'orientation artistique que les avis réitérés de son père qui l'engageait à s'en tenir uniquement à l'étude fervente de la nature, sans maître attentif et expert pour redresser et corriger les fautes de ses exercices de dessin, la petite Henriette craignait souvent de ne jamais voir se réaliser le beau rêve de ses toutes premières années: devenir une artiste-peintre; lorsqu'un événement se produisit qui la remplit d'une joie profonde et lui prêta une force et une volonté nouvelles.

Comme cadeau, à l'occasion du onzième anniversaire de sa naissance, l'enfant trouva en descendant, le matin, dans la chambre familiale, un petit chevalet fait à sa taille, et encore la somme d'argent pour se procurer les autres outils et ingrédients nécessaires au peintre.

Son bonheur fut sans bornes, car elle ne trouvait pas seulement dans ces présents la réalisation de son souhait le plus ardent: pouvoir se mettre à peindre avec des couleurs à l'huile comme les peintres pour de vrai; mais elle y voyait la preuve que son père avait décidé sérieusement de faire d'elle une artiste-peintre.

Henriette ne tarda même pas à s'apercevoir que M. Knip en lui faisant ces cadeaux n'avait pas songé à lui fournir une amusette et un passe-temps frivole, mais bien les outils d'un grave apprentissage. A partir du lendemain la fillette dut travailler depuis l'aube jusqu'au crépuscule, dans l'atelier de son père, et même travailler assidûment, sans relâche, le seul répit qui lui était accordé étant celui des heures de repas. En outre le père Knip consignait tous les jours l'enfant dans une chambre où régnaient des ténèbres complètes, Henriette y restait deux heures. Le pauvre aveugle se flattait par là de fortifier la vue de son enfant et de l'assurer contre une calamité qui l'avait forcé à déposer la palette et les pinceaux au moment de la pleine mâturité de son talent.

A ce dur et austère régime plus d'un jeune homme doué d'énergie et d'aptitudes eût certes abandonné la partie après quelques semaines et accroché sa palette à un clou pour ne plus l'en détacher. Privée de toute distraction des enfants de son âge, Henriette, au contraire ne trouvait aucun travail trop fatigant et sentait augmenter de jour en jour son amour pour l'art ; mais aussi chaque jour elle faisait de nouveaux progrès, elle apprenait à voir de plus en plus juste et elle acquérait une fermeté et une souplesse de touche de plus en plus grandes.

Elle se vit transportée dans un champ d'études tout nouveau et pour ainsi dire illimité, lorsque la famille transporta sa résidence à la campagne, aux environs de Bois-le-Duc. Ici les modèles ne manquaient point : animaux domestiques et bétail, masures et fermes, cultures et

Etude à l'huile (1859).

prairies, collines et forêts, elle peignait tout, passant d'un objet à l'autre, infatigable et éprouvant une sorte de délassement, après avoir achevé de peindre par exemple une étude d'animaux, à se mettre immédiatement à la peinture d'un paysage.

Les fruits d'une étude poussée avec une telle assiduité et une telle persévérance ne tardèrent pas à se faire apprécier. A quinze ans, c'est-à-dire à un âge où la généralité des peintres font à peine leurs premiers pas dans les voies de l'art, la petite Knip fut surprise par l'heureuse nouvelle, qu'une petite toile envoyée par elle à l'exposition de Dusseldorf, y

Etude à l'huile (1859).

Etude à l'huile (1859).

avait aussitôt trouvé acquéreur. Ce n'était pas seulement la valeur attachée à son œuvre qui la remplissait de joie, mais ce qui la rendait particulièrement heureuse c'était l'assurance que les productions de ses pinceaux contribueraient au soutien de sa famille.

Forte de cette conviction et ayant toujours ce but devant les yeux, servie aussi par son extraordinaire rapidité de conception et d'exécution, elle donna l'essor à quantité de tableaux d'animaux, d'intérieurs, de marchés et de paysages, qui, exposés en Hollande et en Allemagne, y furent de plus en plus remarqués et admirés.

Ainsi avant d'être emporté par la mort, ce qui arriva en 1847, le père aveugle assista à la consécration grandissante du talent généreux et brillant de son Henriette.

Trois ans après ce deuil, la jeune artiste épousa M. Feico Ronner.

Elle venait à peine de sortir d'une très grave maladie, causée par d'innombrables soucis et sans doute aussi par le surmenage. Afin de rétablir les forces de la jeune femme, le médecin jugea un changement d'air de toute nécessité.

Plus encore en faveur de son art que dans l'intérêt de sa santé compromise, Mme Ronner proposa de faire un séjour en Suisse. Son époux approuva ce choix et, quelques jours après, le jeune couple se mettait en route pour la patrie de Guillaume Tell. Les communications par chemin de fer n'étaient pas

Etude à l'huile (1859).

encore alors ce qu'elles sont aujourd'hui, et pour une jeune malade à peine
entrée en convalescence les fatigues d'un long voyage pouvaient être fort dange-
reuses; aussi les époux se décidèrent-ils à ne voyager qu'à très petites journées.
Ainsi, pour commencer, ils convinrent de faire une petite halte à Bruxelles.

Or cette petite halte s'est sensiblement prolongée. Il est arrivé à Mme Ronner
ce qu'il est advenu pour beauconp de peintres hollandais, qui visitèrent la capitale
de la Belgique avec l'intention de n'y passer que quelques jour: Bruxelles lui
plut au delà de toute expression, si bien que.... la petite halte de quelques
heures est devenue un séjour de quarante-sept ans. La Suisse attend encore
la visite de l'aimable artiste.

Etude à l'huile (1859).

Aux premiers temps de son installation dans sa nouvelle résidence ne se
rattachent pourtant point des souvenirs très réjouissants pour Mme Ronner.
Tout à fait inconnue, sans amis et sans protection, dénuée de ressources et,
par surcroît de malchance, exposée aux sourdes persécutions et à la malveillance
d'un parent indigne; ayant sur les bras un mari maladif et des petits enfants
réclamant ses soins assidus, la courageuse femme passa bien des jours pénibles,
bien des veilles douloureuses. Il lui est arrivé plus d'une fois le matin en se
levant de ne pas savoir si elle pourrait procurer ce jour-là à manger aux siens.—
Elle était forcée de vendre, à vil prix, le panneautin brossé, il est vrai, en
quelques heures, mais portant toutefois la griffe d'une véritable artiste. Hélas,

L'atelier de Mme Ronner.

la „peintresse", inconnue et dénuée comme elle l'était, s'estimait heureuse de trouver à se défaire de ces improvisations à n'importe quel prix.

Bientôt la situation s'améliora. Ses pinceaux féconds et infatigables contraignirent la renommée à proclamer d'un clairon de plus en plus sonore le talent de l'„animalière" néerlandaise. Il ne s'écoulait pas une année sans qu'Henriette Ronner obtînt l'une ou l'autre haute distinction dans les expositions auxquelles elle participait. Ses toiles rencontrèrent des amateurs de plus en plus nombreux et empressés. Débarrassée des soucis si cuisants de jadis, elle put se consacrer entièrement désormais à ce qui lui tenait à cœur : son ménage et son art.

* *
*

D'après un dessin.

L'œuvre d'Henriette Ronner embrasse trois différentes époques. Durant la première, l'artiste se livrait à des genres divers : animaux, paysages, natures-mortes ; en un mot elle fixait sur la toile tout ce qui lui frappait et charmait les yeux.

Lorsqu'elle vint se fixer à Bruxelles, elle trouva dans les chiens des laitiers des modèles topiques et des sujets pour un genre de peinture auquel elle s'est consacrée avec le plus grand succès durant une quinzaine d'années. Les amateurs et les marchands ne voulaient même lui prendre que ces bons chiens, sous prétexte que c'était là son seul genre et que le reste ne lui convenait pas. De cette époque date, entr'autres, la grande toile ornant à présent son

„Petits coquins"
D'APRÈS UN TABLEAU
dans la possession du Baron Henry Tindal.

atelier, *La mort d'un ami*, qui, exposée en son temps — 1860 — à Bruxelles, excita une profonde admiration et consolida définitivement la réputation de la jeune artiste. 1) Ce tableau représente un pauvre diable de marchand de sable qui, un genou en terre, déplore le trépas d'un des chiens attelés à sa charrette. La scène est traitée dans le goût romantico-sentimental régnant alors et dans la gamme de couleur à la mode — les *bruns*, choisis par opposition aux *clairs*. Rien ne montre d'une façon aussi saisissante que cette toile, vantée comme un chef-d'œuvre à son apparition, il y a quarante ans, les notables progrès accomplis par l'artiste.

D'après un dessin.

Son dernier genre, celui auquel elle se voue exclusivement, depuis près de trente ans, et avec une „maëstria" de plus en plus remarquable, consiste dans la peinture des chats. Qui n'a admiré un de ces tableaux dans lesquels Mme Ronner excelle, qui n'a éprouvé une spirituelle jouissance et ne s'est arrêté avec un sourire sympathique devant les ravissants tableautins, où elle tire un parti si varié, toujours renouvelé, toujours piquant et humouriste, d'une même famille de félins?

Mme Ronner est servie par une imagination inépuisable et un goût exquis. Elle compose sans cesse de nouveaux drames ou comédies pour ses intéressants

1) Voici qui donnera au lecteur une idée de l'incroyable souplesse de pinceau de Mme Ronner: les quatre têtes de chien reproduites aux pages 108 et 109 ont été exécutées en grandeur nature, dans le courant d'une seule matinée, comme études pour la toile *La mort d'un ami*.

8

Étude pour un portrait de chien d'appartement appartenant
à S. M. la Reine des Belges (1876).

personnages. Ce sont chaque fois de nouvelles manières de les grouper; de les entourer d'accessoires, de les encadrer d'un décor en harmonie avec le motif principal. Et les accessoires ne sont pas caressés avec moins de virtuosité et de ragoût que les petits fripons au pelage velouté qui jouent les premiers rôles.

L'étonnante souplesse et la variété de son talent se manifestent le plus clairement lorsqu'on examine de très près l'un des chats de Mme Ronner. Elle se distingue de la plupart des animaliers, en ce sens qu'elle ne voit pas uniquement dans ses modèles une certaine famille d'animaux à particularités communes, au poil rayé ou tacheté, mais qu'elle perçoit et représente

Étude pour un portrait de chien d'appartement appartenant à S. M. la Reine des Belges (1876).

chaque individu de cette famille, avec ce qui le distingue de ses confrères, avec ce qui fait sa personnalité. Chacun des minets de Mme Ronner a sa physionomie propre, son caractère tranché; chacun de ces lutins ronronnants et joueurs est un portrait ressemblant et original.

Ce don de saisir si étoitement la ressemblance et la caractéristique de chaque individu, a fait que la reine des Belges et sa belle-sœur, la comtesse de Flandre, ont confié à Henriette Ronner le soin de „pourtraicturer" leurs bichons et leurs

Pour un ruban. Tableau appartenant à M. George
Mac Culloch, à Londres (1895).

griffons. Inutile de dire que la consciencieuse et habile artiste s'est acquittée de cette tâche à la satisfaction chaleureuse de ses augustes clientes.

Encore un trait saillant des compositions de l'„animalière", c'est le rôle que joue la mère-chatte dans ces scènes de la vie de la gent miaulante. Aucun peintre de chats, pas même le français Lambert que l'on cite souvent aux

Etude à l'huile.

côtés de l'artiste néerlandaise, n'a exprimé d'une façon si typique la sollicitude de la minette pour sa chattée, les regards vigilants dont elle couve leurs ébats, sa caressante tendresse pour ses nourrissons.

*　*
*

En février 1877, S.M. le Roi des Belges décerna à Mme Ronner une distinction dont il n'honore que quelques femmes exceptionnelles : la croix de l'ordre de Léopold. Cette haute marque d'admiration complète et couronne la série d'honneurs et de récompenses qui sont échus à la vaillante artiste — médailles d'or et d'argent, diplomes d'honneur, certificats, etc., etc.

Les plus importants musées — ceux d'Amsterdam, de la Haye et Dordrecht, dans son pays — ont acquis des toiles de Mme Ronner. En 1892 le gouvernement français qui fait rarement l'achat d'œuvres d'art dues à des maîtres étrangers, s'est procuré une belle *Etude* de la portraitiste attitrée de maître Mitis.

Nombre de ces minets ont été admis comme le chat de Whittington, dans les palais de princes illustres. Ainsi feu l'empereur

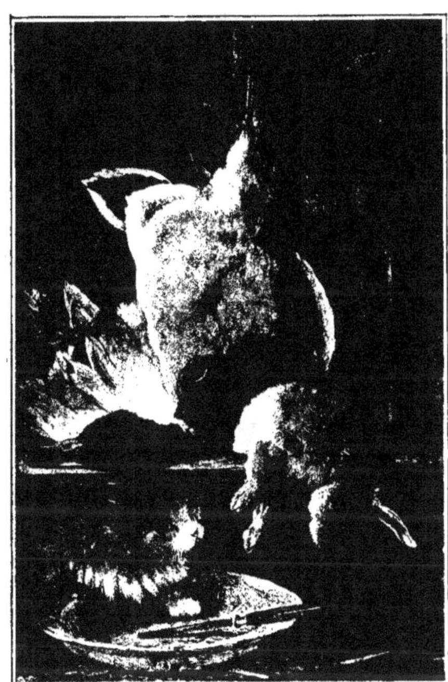

Dans le garde-manger. Tableau appartenant à M. G. Mellin à West-Wickham. Angleterre (1877).

Guillaume 1er d'Allemagne possédait de Mme Ronner *une chatte se défendant contre des chiens;* la famille royale de Belgique a réuni plusieurs de ses plus beaux morceaux ; au palais royal de Lisbonne on n'en compte pas moins de cinq. Il y a quelques années, la duchesse d'Edimbourg fit l'acquisition d'une couple de chatons envoyés par Mme Ronner à l'Exposition de Londres, et, peu de temps après, ce fut au tour de la princesse de Galles de faire l'emplette d'un de ces ravissants tableaux.

*　*
*

Dans le courant de l'année 1891 un album-Henriette Ronner a été publié en trois
langues différentes. Le texte néerlandais était de Johan Gram, le français d'Henry

Henriette Ronner, d'après un fusain d'Alfred Ronner.

Havard, et Mr. H. Spielmann, éditeur du *Magazine of Art*, s'était chargé de la partie
anglaise. Outre de nombreuses reproductions *d'études* dans le texte, cet album
comptait douze photogravures par Goupil des derniers tableaux de Madame Ronner.

La merveilleuse fécondité de son imagination et son activité non moins
extraordinaire ont permis à son fils de réunir, déjà un an après, les éléments
d'un nouvel album, tiré sur parchemin à un nombre restreint d'exemplaires et

Etude à l'huile.

destiné à quelques dédicataires. Telle est cette honnête et vaillante femme,
cette probe artiste qui a conquis par ses vertus domestiques et son talent
vivace une part de gloire et de bonheur que le dieu des Arts ne dispense
qu'à de rares élus !

JEAN HENRI WEISSENBRUCH.

PAR

F. A. E. L. SMISSAERT.

Sur la plage, d'après une aquarelle.

JEAN HENRI WEISSENBRUCH.

N'est-ce pas De Génestet qui faisait cette constatation originale que quelques prénoms ne sont pas seulement étroitement liés au nom de famille mais qu'ils font presque partie intégrante de l'individu; qu'ils achèvent en quelque sorte de le dessiner et de le peindre? Weissenbruch me paraît vérifier cette loi mystérieuse. De même qu'il n'arriverait jamais à la pensée de donner à Bilderdijk le prénom de Jérôme ou de Sigismond, mais bien celui de Guillaume ou mieux Willem, de même je ne pourrais me représenter un Jérome ou un

Sigismond Weissenbruch. Jean Henri ou plutôt Jan Hendrik Weissenbruch!
A la bonne heure. Cela vous a quelque chose de vif et de décidé! Ici encore il y a lieu de dire *nomen est homen*. Tel nom, tel homme. Une nerveuse
et puissante personnalité, voilà comment je définirais Weissenbruch en un mot;
nerveux et puissant dans ses allures, il l'est aussi dans son art. Nerveuse et
piquante la façon dont il s'exprime, dont il vous rend ce qu'il a observé; c'est
comme si vous reviviez la chose avec lui, comme si vous saisissiez dans la
nature le joli moment qu'il vous décrit, et cela avec des locutions si trouvées
et des flexions de voix si suggestives! Avec quel enthousiasme et quelle
émotion il vous narrera, par exemple, une partie de pêche! A voir briller ses

Pont près de Noorden, d'après une étude.

yeux, bouger ses traits, à entendre vibrer sa voix, on le croirait encore
présent à l'aventure racontée. Nul ne possède comme lui le talent de faire
ressortir le point capital du récit. Il vous présente les choses d'une façon si
plastique que le charme, l'illusion gagne aussi l'écoutant et qu'il s'imagine voir
devant lui la scène évoquée par ce conteur magique. Voilà aussi tout le secret
de son art. Tout y est nerveux et musclé. *Si la nature ne m'empoigne pas,
elle me laisse indifférent!* C'est un des dires par lesquels le peintre caractérise
lui même son art. Il procède dans sa peinture comme dans ses récits. Dans
ceux-ci tout concourait à vous donner l'impression intense de la chose vue ou
entendue, dans celle-là tout se combine pour dégager, avec tout le prestige
voulu, l'effet de lumière qu'il surprit à la campagne. Ne lui demandez pas
une conception trop mièvre et trop sentimentale: les dessous mystérieux ne

sont pas son fait. Non, son art vous parlera si vivement parce que le peintre se
sera appliqué à rendre tout ce qu'il y avait de frappant dans le moment choisi.
Aussi, dans les Expositions, la peinture de Weissenbruch vous saute aussitôt aux
yeux quoiqu'il affectionne de préférence des sujets très simples et que dans l'effet
de lumière consiste presque uniquement le but de son tableau. Il est même d'avis
que l'on ne peut rien envoyer de mieux dans une Exposition que des œuvres
très simples: mais, a-t-il soin d'ajouter, *il faut que la chose vous saute aux yeux.*

Cette recherche de l'intensité, de la dominante dans un paysage marque son
art à un cachet éminemment personnel. C'est avant tout un „illuministe".

La digue à Leide. D'après une étude.

Comme il le dit lui-même il ne travaille que par amour des jeux de la lumière.
Les plus beaux sites ne valent à ses yeux que par la magie qu'elle leur prête.
Si les rives de la mer du Nord l'attirent particulièrement il se contentera de
peindre une vaste et simple plage; mais tout l'effet se concentrera dans le
ciel et dans un unique point lumineux sur les flots.

Quel que soit pourtant son culte pour les prestigieux effets de lumière, un
autre moment de la nature a aussi le don de requérir Weissenbruch. C'est ce
moment d'un profond ciel bleu dont le soleil semble pourtant absent et dans lequel
ne se montre d'aventure qu'une infime nuée. Les peintres disent familièrement
de ce ciel: „un ciel de Weis", tant Weissenbruch s'entend bien, en effet, à
en saisir l'originalité. Ou pourrait même dire qu'il s'en est assuré le monopole.

A contempler la robuste et large manière de Weissenbruch jamais on ne se
douterait, qu'il fut un certain temps l'élève de Schelfhout, le même qui aurait
admis à la rigueur la peinture de „plein air", si celle-ci n'avait entraîné un
pareil gaspillage de couleurs! Toutefois, quoique leurs voies différassent comme
le jour de la nuit, Schelfhout accordait une certaine estime à l'œuvre de son
élève. Avant de travailler avec Schelfhout, Weissenbruch (avec son ami Destrée)
avait pris des leçons chez le vieux Van Hove. Les deux amis s'y livrèrent
souvent à des farces d'atelier et à des charges dont leur bonhomme de professeur était le premier à s'amuser et qui peignent sous un joli jour de
franchise, d'intrépidité et d'exubérance, le caractère du futur grand artiste.

Moulin près de Schiedam. D'après un tableau du musée Boymans.

Dans ces aventures des „Lehrjahren" on trouve quelque chose de cette
intense lumière des „effets" chers à Weissenbruch. Car l'artiste possède une
santé physique comparable à celle de sa peinture. Les pires intempéries
ne l'empêcheront pas de travailler au dehors. Son esprit est demeuré aussi
turbulent et aussi éveillé qu'aux jours de la jeunesse. Chacune de ses productions est une preuve de ce que j'avance. On dirait même que son art gagne
encore en vigueur et en intensité.

Vous désireriez le voir à l'œuvre?

Suivez-moi dans son atelier, où vous le trouverez, l'inséparable bouffarde au
coin de la bouche, entouré d'innombrables dessins. Ils sont là, pêle-mêle; la
plupart gisent sur le parquet; d'autres sont posés sur des chaises ou des

Noorden d'après un lavis à l'encre de Chine.

chevalets. „Voyez-vous, dira-t-il avec l'humour et la verve qui ne l'abandonnent jamais, je me figure parfois être le médecin d'un hôpital et que tous ces dessins-là sont mes patients. En faisant ma ronde j'en avise de temps en temps un qui m'a l'air bigrement pâle et minable. Attends, mon bonhomme, me dis-je alors, je m'en vais t'administrer une potion dont tu me diras des nouvelles? Et, en effet, je lui applique l'une ou l'autre drogue. Usage externe! Cela va sans dire. Cela réussit presque toujours, mais d'autres ont souvent besoin de toute une opération avant d'être remis sur

pied. Tenez, celui-là dans le coin là-bas, m'a tout l'air d'avoir la jaunisse.
Mais il y a remède à cela!" Et, plaisantant ainsi, l'artiste va de l'un à l'autre;
prescrivant à chacun le traitement, la recette congruente.

Rien ne donnerait mieux que cette boutade une idée de sa façon de travailler
Aussi alerte, spontanée, coulant de source, que paraisse sa peinture, elle n'est
toutefois le résultat que de tâtonnements, de repentirs, de retouches.

Jamais Weissenbruch ne se déclare satisfait. Il entend toujours „pousser" son
œuvre à un plus haut degré de perfection et serrer la nature de plus près.
Aussi ne lâche-t-il point le tableau ou le dessin avant qu'il soit parvenu à exprimer à peu près ce qu'il poursuit, dût-il même garder pour cela cette œuvre
plusieurs années. Le crépuscule même n'a pas le pouvoir de l'arracher à sa
tâche. Souvent c'est à ces heures de transition, entre chien et loup, que,
rêvassant au coin du feu, il trouve enfin par éclair ce qu'il avait vainement
cherché tout le jour. Il arrive même que, la lampe allumée, l'artiste pour-
suive encore le travail de la journée. Il sait par expérience que des dessins
auxquels on a travaillé des années s'achèvent en une minute, mais c'est là le
moment du dieu de l'Art, et il faut savoir le saisir! Et voilà comment tant
de planches jonchant son atelier attendent ce moment suprême. C'est Bosboom,
un de ses bons amis, qui lui conseilla de ne jamais déchirer ou effacer un
dessin mal venu, mais bien de le garder en portefeuille. Weissenbruch a
sagement suivi ce conseil. Des dessins de lui ont reposé ainsi jusqu'à quarante
ans dans ces portefeuilles. Entre temps l'artiste se développait, devenait maître
de son métier. Alors il arrivait que Weis retirât du portefeuille l'un ou
l'autre de ces dessins ou de ces aquarelles de rebut. En deux ou trois traits,
en une simple retouche il transformait cette œuvre ratée et délaissée, en une
production vivante et fraîche, tout à fait réussie. De cette façon il se fait qu'il
vous montre de temps en temps une toile inachevée, reléguée dans un coin de
son atelier en vous disant: „En voilà une qui n'a pas moins de trente cinq ans!"

Peu lui importe le procédé au moyen duquel il opère ses miracles de guérison et de métamorphose. Tout outil, tout ingrédient lui est bon. Couteau
à palette, rasoir, pierre-ponce, écume de mer, etc. L'important, c'est le résultat.
„Voyez vous, l'ami," dira Weissenbruch de ces vétérans ou invalides, „ils
n'étaient morts qu'en apparence! Ah, je parviens toujours à les ressusciter
pourvu qu'on m'en laisse le temps et que l'on me donne carte blanche! Oui,
mon cher, c'est ainsi que je vous le dis, je les remets sur leurs pattes et ils
quittent mon atelier dotés d'une vie nouvelle! Le précepte de Boileau: „vingt
fois sur le métier, etc., etc. „s'applique autant à la peinture qu'à la poésie. Ce
sont les tableaux auxquels j'ai le plus travaillé qui paraissent „venus" le
plus spontanément! „Car le souci, la préoccupation de Weissenbruch est de
donner à ces œuvres consciencieusement fouillées, tous les dehors de la chose
inspirée, éclose d'un seul jet, fraîche et vivace. Le moment psychologique,
le moment où il faut achever l'œuvre qui attend souvent depuis des années,
tout est là! «Je *m'engagerais*, dit il encore, *à ne travailler qu'une heure par*

Le soir à Noorden. D'après un fusain.

jour si, en cette heure, se présentait ce moment indispensable.» Une autre fois,
plus profond encore, il résuma ainsi son idée du travail artistique : «*la rapidité
ou la lenteur n'importent guère… La conscience d'avoir bien fait est l'essentiel !*»

La genèse de ses tableaux est la même que celle de ses dessins. Les uns
aussi bien que les autres s'inspirent d'études d'après nature. De préférence

il travaille d'après des croquis au crayon où il a cru surprendre le caractère
du paysage. „Ensuite je n'ai plus qu'à rêver la couleur du tableau," dit-il, pour
définir son travail. Et quels croquis sommaires que les siens! En deux ou
trois traits à la craie noire ou au fusain il fixe sur le papier un prestigieux
effet de lumière. Or, dans la nature, ces effets étant plus fugaces encore, avant
d'entreprendre la composition d'un tableau il lui a fallu prendre quantité de
ces „instantanés".

Quiconque désire le connaître et l'apprécier à fond, ne doit pas seulement
l'avoir visité dans son atelier, mais doit l'avoir accompagné à la campagne,

Pêcheurs de coquillages. D'après un tableau appartenant à M. J. M. Pijnacker Hordijk.

doit avoir ramé avec lui sur les bras de mer et les canaux, doit avoir respiré
en sa compagnie l'air intrépide du large.

Lorsque je songe à la vie de Weissenbruch à la campagne, aussitôt j'évoque
Noorden, la pittoresque bourgade au delà de Nieuwkoop, Noorden auquel tant
de nos paysagistes sont redevables de leurs „motifs" et où chacun découvre
de l'inédit. C'est là que Roelofs peignit ses vastes mares fleuries de lis d'eau,
c'est là que Bauffe puise de si originaux sujets agrestes, c'est aussi à Noorden
que Weissenbruch surprend des effets de lumière encore plus attachants que
le théâtre même sur lequel ils se produisent. Aussi Noorden représente-t-il une
véritable colonie de peintres, un Barbizon néerlandais. Celui qui se proposerait

de raconter la vie que nos peintres mènent là-bas ne manquerait pas de documents et d'observations topiques. Que de personnages historiques et même légendaires ou simplement actuels l'historiographe évoquerait-il dans ce milieu, mais une place importante dans cette description devrait être assignée à Weissenbruch car depuis longtemps celui-ci vient y travailler régulièrement. De préférence il y passe le printemps ou l'arrière-saison. Lorsque d'imposantes chevauchées de nuages se pourchassent au-dessus des terres d'alluvion, lorsque de furtifs coups de soleil font châtoyer les eaux dormantes, Weissenbruch se trouve dans son élément et s'assimile avec délices les prestiges de cette hallucinante contrée. Ces jours-là il est en proie à une sorte d'extase; nul

Ferme à Noorden. D'après un fusain.

plus que lui n'est empoigné par les côtés grandioses de la patrie hollandaise. Il passe des jours entiers au plein air; il entasse croquis, études sur études, afin de rapporter à la ville une ample moisson des splendeurs qu'il a contemplées. Et le soir il ne tarit pas en évocations parlées des ciels féeriques et des effets saisissants qui l'ont émerveillé et qu'il décrit avec ce don d'évocation dont je parlais plus haut. Je gagerais même que la nuit ses rêves sont peuplés des visions qui l'ont enthousiasmé le jour!

Weissenbruch a pour ainsi dire reçu ses „droits de cité" à Noorden; chacun le connaît, depuis l'enfant jusqu'au vieillard, depuis l'hotelier jusqu'au curé. Aucun passant ne le croise sans le saluer d'un cordial bonjour. Mais qui lui porte un véritable culte, c'est Willem van Zanten, le jeune innocent du village. La

visite annuelle du peintre est une véritable saison de bonheur pour ce pauvre
diable. Quelques jours avant l'arrivée de l'hôte aimé le gamin se tient en
embuscade sur la route de Nieuwkoop, scrutant chaque voiture qui pourrait lui
amener le voyageur. Et celui-ci vient-il enfin à descendre d'un de ces véhicules,
Willem sera durant un mois le gars le plus heureux de Noorden. Il suit
Weissenbruch comme son ombre, partout où se rend le peintre. Il se charge
de sa boîte et de son chevalet, et attend patiemment, couché sur l'herbe, que
Weissenbruch ait terminé son étude. Et, lorsqu'à l'heure de midi les disciples
de Saint Luc — Roelofs, Stortenbeker, Bauffe, Lange et d'autres — se retrouvent

Sur le fleuve. D'après une aquarelle.

dans la salle de la „Société", chez l'aubergiste Bom, avec Weissenbruch, c'est
encore l'inséparable Willem qui fait son entrée et qui s'absorbe dans la contemplation de la partie de billard, ouvrant surtout de grands yeux quand par
hasard une bille va se loger dans la blouse.

— Quelle heure est-il, Willem? lui demande machinalement le peintre.

Et l'autre de répondre au hasard ou plutôt d'instinct. „Trois heures!...
L'heure de la soupe, monsieur."

Après le diner tandis que les peintres entament une nouvelle partie de
billard — invariablement chaussés de leurs sabots, car à Noorden les souliers sont
un mythe — Weissenbruch rencontre toujours l'un ou l'autre camarade auquel

il raconte quelque charge. Ou bien il se livre à des tours de prestidigitation et de passe-passe, en accompagnant ces exercices de si mirifiques boniments que les paysans demeurent suspendus à ses lèvres. Tout cela n'a pas peu contribué à le rendre de plus en plus populaire à Noorden. Mais les veillées ne se prolongent pas. Dès neuf heures Weissenbruch se retire afin d'être sur pied dès l'aube, avec les splendeurs du soleil levant. Aussi matineux que les paysans, ils le rencontrent en pleins champs, (son inséparable bouffarde à la bouche), en veston court, un feutre brun de forme étrange sur la tête, armé de son calepin et de ses crayons. Mais, par des temps maussades et „qui ne disent rien", s'il se lève de meilleure heure encore, c'est pour se rendre à la pêche. Car, ainsi que la plupart de nos paysagistes, Weissenbruch est un

Une mare près de Noorden. D'après une étude à la craie.

pêcheur passionné. Mais si pendant qu'il taquine le goujon et la tanche, le soleil vient à traverser les nuages, si celui-ci se met à prodiguer les „effets" et les coups de lumière, aussitôt Weissenbruch se hâte de rentrer à l'auberge et d'y échanger lignes et asticots contre pinceaux et couleurs. Dix minutes après on le trouve en train de peindre sur la digue. Car il est peintre avant tout et un beau jour (entendons un jour à curieuses fantasmagories célestes) ne peut être consacré à la pêche; les jours gris et couverts sont assez nombreux pour cet exercice. D'autres fois, avec ses confrères, il entreprend de grandes promenades dans la région, histoire de mieux encore connaître le pays. C'est pendant ces pérégrinations qu'il vous contera avec ce don plastique et coloriste qu'il possède même en parlant, l'une ou l'autre aventure piquante. Comme tous les pêcheurs et chasseurs. Weissenbruch est un conteur intarissable. De quelle façon savoureuse il vous relatera la capture d'un brochet de six à sept livres qui avait rompu la ligne en deux endroits mais qui finit toutefois par se faire prendre. On l'écoute, sollicité, du commencement à la fin, tant il anime son récit et trouve des expressions pittoresques pour vous décrire l'aventure. Et l'épilogue de cette pêche n'est pas moins intéressant. Non seulement Weissenbruch s'entend à tirer le poisson hors de l'eau, mais il est passé maître aussi dans l'art de le dresser, bien préparé, sur la table. Il est un des familiers de la cuisine de Juffer Verzijden: „Il ne me faut pas grand' chose, dira-t-il, pourvu que ce soit bon!" Souvent il lui arrive de s'impatroniser près des fourneaux. Il prépare lui-même du brochet farci, des pommes de terre soufflées, des charlottes de pommes, et pour peu que la cuisinière en titre le gène dans ses mouvements, il se permet de l'expulser de son propre domaine, elle et ses acolytes. Mais l'hôtelière même parvient à se faufiler dans le sanctuaire et vient y prendre de ce maître-queux une utile leçon de cuisine. Grâce à l'intervention de Weissenbruch, la table à Noorden est souvent meilleure qu'on ne pourrait s'y attendre.

Et ainsi s'écoulent des semaines de bonheur et de travail, sans doute, pour Weissenbruch, le meilleure saison de l'année. Combien il éprouve la nostalgie de ce coin de terre nous est révélé par cette circonstance qu'il songea souvent à y louer un cottage et à s'y fixer pour de bon. S'il lui arrive d'être d'humeur morose — ce qui est très rare — la première chose qu'il dira au visiteur, c'est: „Je crois que si j'allais passer une couple de jours à Noorden, cela me remettrait le tempérament." Et généralement, il ne s'en tient pas à ce projet, mais il se rend bel et bien au village de ses dilections et il y passe quelques jours après lesquels il nous revient ragaillardi et dispos.

Oui, Noorden est bien son pays idéal. Aucunes jouissances ne lui sont comparables à celles d'errer là-bas, libre comme l'oiseau dans l'air, de savourer à fond les charmes robustes de la nature hollandaise, de faire du canotage sur les vastes étangs, de guetter et de saisir les furtives magies du ciel, de découvrir, sans cesse, sur terre, sur l'eau et dans les nues, de nouveaux motifs à paysages. „Je découvre constamment du neuf, ici", dit-il; et c'est la vérité. Tous les ans le peintre rapporte de l'inédit de sa chère villégiature et, devant cette variété d'études et d'impressions, on s'étonne même que le même pays les ait inspirées. Mais c'est que Weissenbruch a battu et exploré les moindres coins de Noorden, pas seulement sur terre mais aussi, et surtout, sur l'eau. Le canotage est pour cet homme sain et robuste un délassement presque aussi agréable que la pêche; où il lui est difficile de se rendre à pied, il s'y rendra par bateau; naturellement, accompagné presque toujours de son fidèle Willem van Zanten. En un endroit déjà exploité il trouve souvent une mine d'impressions nouvelles. Pas plus que le ciel même il ne risque de se répéter.

Mais le peintre n'est pas seul à jouir de ce terroir unique. Il possède une grande faculté d'observation. Nul ne fera saisir comme lui le ragoût d'une expression du crû, d'un dialogue entre deux paysans, des *tics* d'un voyageur ou

Le Spaarne, d'après une aquarelle.

la fantaisie du mobilier de la „chambre de gala". Il relève même des choses qui passeraient inaperçues, s'il n'était là pour en signaler l'imprévu. Aussi Weissenbruch est-il un admirateur passionné de la *Camera Obscura* d'Hildebrand. Il y découvre nombre de ces types, hollandais de toutes pièces, qu'il chérit et qu'il recherche. Et combien vivants et magistralement campés! Tels épisodes,

A Noorden. d'après un dessin à la craie.

comme la vente de bois chez le forestier ou le brocanteur de Leide, semblent avoir été écrits pour lui. Rien de l'intention comique ne lui en échappe. Il connait presque le livre par cœur et souvent il en cite l'un ou l'autre passage humoristique. Si le travail ne va pas, au lieu de s'évertuer pour réagir contre l'inéluctable accalmie, il se rabattra sur la lecture. D'ailleurs Weissenbruch estime qu'il faut pratiquer de salutaires diversions dans sa tâche et qu'on ne reprend jamais plus profitablement un travail qu'après s'en être un peu désintéressé en allant se retremper dans d'autres occupations ou distractions. Il juge même les dérivatifs indispensables. Ainsi il lui arrivera d'interrompre son travail pour descendre, faire quelques tours au jardin et remonter ensuite à l'atelier, où il s'escrime des pinceaux avec une ardeur et une lucidité nouvelles. Et c'est même souvent après un *intermezzo* de ce genre, qu'il s'apercevra du point faible de son œuvre en même temps qu'il aura découvert le moyen de le corriger.

Quoique notre artiste se montre surtout lyrique et enthousiaste lorsqu'on le met sur le chapitre de Noorden, il est loin d'être exclusif et fermé à d'autres contrées que son pays des „polders". Nous parlions plus haut de ses plages, de ses estrans, dont il rend la grandeur de façon si magistrale. Nos vues de

„*Au bord de la mare*"
D'APRÈS UNE AQUARELLE
dans la possession de Mme H. G. Tersteeg.

ville et nos coins de bourgades terriennes l'attirent tout particulièrement aussi. Ainsi il est fortement épris de Katwijk-Ville, sans dédaigner non plus Haarlem et ses environs, Haarlem, où aux jours de la jeunese, il passa six semaines d'études, avec son ami Destrée, qui ne leur coûtèrent que trente florins de pension!

C'est à cette époque que Weissenbruch était élève de Schelfhout. C'est alors qu'il donna même un grand exemple d'indépendance. Schelfhout lui offrit une place fixe dans son atelier. Étant donné la grande célébrité du peintre à cette époque, c'était là une faveur, un honneur très recherché. Mais Weissenbruch craignant de se trouver trop directement sous l'influence du maitre déclara préférer continuer à travailler seul, quitte, de temps en temps, à soumettre son travail au jugement de Schelfhout. D'abord le maitre prit ce refus de très mauvaise part, ne parvenant pas à comprendre que quelqu'un dédaignât d'entrer dans son atelier; mais, par la suite, il se réconcilia avec Weissenbruch, et il lui témoigna toujours beaucoup de sympathie. Le trait fait honneur à Schelfhout mais atteste aussi à quel point Weissenbruch était jaloux de son indé-pendance et de son originalité, deux des plus précieuses qualités d'un artiste et que celui-ci possède à un haut degré.

Weissenbruch appartient à la vieille garde. Les Israëls, les Roelofs, les Bosboom sont ou furent ses contemporains. Lui aussi, y est allé de son opiniâtre effort et de sa belle énergie pour affranchir l'art hollandais et le dégager des poncifs et des conventions. Nous autres jeunes, nous devons beaucoup à cette génération; ils furent des novateurs, des pionniers, les éclaireurs de la voie nouvelle, d'un art nouveau basé sur l'étude de la nature. Dans cette vieille garde, Weissenbruch occupe une place à part. Nul mieux que lui ne peindra la lutte du soleil contre les nuées, les sublimes effets de lumière qui ne se produisent nulle part avec une telle magie que chez nous? Nul aussi n'est demeuré aussi enthousiaste, aussi vraiment jeune que lui.

D'esprit ardent, l'homme aussi bien que l'artiste, demeure nerveux et fougueux comme à ses débuts. Il s'est parfois produit ce phénomène curieux que des artistes de constitution débile, créaient précisément un art très viril et très robuste, tandis qu'au contraire des gaillards vigoureux et solides ne produisaient que des œuvres sans consistance. Mais ces cas sont exceptionnels. En général l'artiste voit la nature à travers son tempérament. Sa nature est-elle fine et passive, il s'attachera à un art sentimental et délicat, de préférence il se sentira attiré par les „moments" vaporeux, rêveurs, mystérieux et quasi-occultes de la nature; tout son œuvre se distinguera par une sorte de morbidesse. Au contraire, s'il est de nature active et vivace, il recherchera par sympathie, les moments ensoleillés et clairs; enfin s'il est de tempérament passionné et ardent, ouvert aux impressions profondes, il sera sollicité tout particulièrement par les poignants contrastes entre l'ombre et la lumière. Weissenbruch confirme cette règle: avant tout il est requis par les spectacles grandioses et imposants; il lui faut comme il dit, et comme nous l'avons redit d'après lui, *recevoir un soufflet de la nature*. Ce tempérament

A Voorschoten, d'après un lavis.

n'orienta pas seulement ses tendances, mais gouverna aussi ses convictions artistiques. Cette conviction très prononcée, il ne l'a reprise à personne; elle lui est propre comme son sang et ses moelles, elle ne pourrait être détachée du personnage qu'avec le reste de ses autres forces vitales; elle est la conséquence logique de son admirable tempérament. Chez Weissenbruch tout s'enchaîne, tout se déduit, tout se tient en harmonie. Il n'aurait *pu* peindre autrement qu'il ne le fait. La nature même lui a assigné sa place parmi ses confrères.

LAURENS ALMA TADEMA.

PAR

H. S. N. VAN WICKEVOORT CROMMELIN.

Portrait de LAURENS ALMA TADEMA.

LAURENS ALMA TADEMA.

Dans „St. Johns Wood" le verdoyant district des villas au N. E. de Londres, une palette dorée vire par-dessus la futaie. C'est la girouette de la maison Tadema. Une petite porte romaine où les frises de chaque colonne présentent les lettres enlacées A et T, donne accès dans une galerie ouverte dallée de mosaïques et bordée de parterres fleuris. A droite murmure et clapote une fontaine, à gauche un petit sentier contourne la maison pour aboutir au grand jardin. Le portique bifurque à droite pour mener à une seconde porte dont le heurtoir monumental est figuré par une tête de satyre à la bouche béante. D'emblée on est frappé par le soin avec lequel est traité chaque détail de cette porte. La boîte aux lettres étale aussi le monogramme A. T.

Après un moment d'hésitation on se décide à s'annoncer en pressant le bouton du timbre consigné, sous forme de langue, dans la bouche du satyre. La porte s'entrouvre sans bruit. Une gentille soubrette, en noir, au profil romain, aux cheveux relevés négligemment en chignon sur la tête, vous introduit et vous mène, par un petit vestibule garni d'un assortiment de parapluies assez considérable pour protéger tout Belgravia, puis par une serre de fougères arborescentes, puis encore par un escalier de marbre, dans une petite antichambre aux parois ornées de tableaux oblongs, offerts par des amis, et dont le parquet est couvert d'un riche tapis de fourrures. A gauche sont les pièces du ménage et le cabinet de travail de Mme Tadema. A droite un escalier de marbre conduit à l'atelier du maître.

Une salle haute et vaste. Un large courant de lumière pénètre par une

Coin de l'atelier de L. Alma Tadema.

haute baie pour être réfléchi et tempéré par le revêtement, en aluminium amati, d'une coupole. Un divan règne tout autour de la rotonde sous la coupole. Sous la baie est un autre divan; dans un coin en retrait on remarque un piano à queue construit dans le style byzantin, d'après des dessins de G. E. Fox, à côté d'une couple de chevalets étalant des tableaux commencés. Généralement ces tableaux sont dissimulés sous une draperie qu'on écarte les lundis de réception pour les offrir aux regards des visiteurs élégants, mondains et artistes, peuplant l'atelier d'un froufrou de jolies toilettes, de susurrements admiratifs et d'un caquet de femmes esthètes.

Au-dessus règne une galerie communiquant avec un petit cabinet de travail aux murs garnis d'esquisses de tableaux auxquels travaille l'artiste. Des coins en retrait meublés de confortables chaises basses, ménagent de charmants *buen-retiros* à la conversation, au „sirotage" d'une tasse de thé ou même à la sieste.

Impossible de dire dans quel style est bâtie la maison de Tadema. Elle rappelle la Rome antique et pourtant elle est toute moderne. C'est un style à part qu'on pourrait appeler le Tadema-Romain, et d'une originalité incontestable. C'est le style d'un optimiste qui recherche la vie et le soleil et qui s'en réjouit. Tout y est en pleine lumière, visible dans ses moindres recoins. Examinez ces pilastres de marbre, ces lambris, ces trumeaux, ces siéges, ces coussins et vous n'y trouverez rien à reprendre quant à l'harmonie et au goût. Oh! ne vous obstinez pas, ce serait peine perdue! Tout est artistique et dans le cadre; le moindre ornement, la plus légère arabesque, par exemple les monogrammes du vestibule, sont des merveilles de goût. Là-bas, dans une sorte d'orangerie, une fontaine s'épan-

Atelier de Mme Laurens A. Tadema.

che dans une vasque dont le dessin eût ravi Benvenuto. Les rayons où se pressent les livres, la reliure de ceux-ci, les serrures des tiroirs et des bahuts, les moindres détails sont dans le style de l'ensemble et exécutés d'après de minutieux dessins.

Chose curieuse, tandis que Tadema se confine dans le classique, son épouse, une femme artiste s'il en fut, née Epps ne se complait que dans le style et le genre de la vieille Hollande. Ainsi, son atelier, représente une pièce familiale hollandaise du XVIe siècle. Une chambrette à laquelle on accéde par quelques marches et qui est un ravissant petit musée, est le décalque exact ou mieux la restitution fidèle d'une chambre à coucher du bon vieux temps. Pas un objet, si minime qu'il soit, dans ces deux pièces, qui n'ait été importé de la Hollande.

Cette maison à l'édification de laquelle Tadema consacra huit ans, est une ouverture, une échappée sur son travail; c'est son âme vue de l'extérieur. Quiconque comprend sa maison, apprend à chérir son art, se rend compte de son grand talent, qui se livre tout entier tel qu'il est, de telle sorte que sa force et ses défauts sautent simultanément aux yeux.

Et en premier lieu on apprend à le connaître comme un homme d'un goût raffiné, qui doit être douloureusement froissé par tout ce qui est brutal, grossier ou discord.

*
* *

Il existe des artistes dont le talent sommeille et est enterré des années durant jusqu'à ce qu'un hasard fortuit le fasse découvrir et le mette en lumière. Tadema n'est pas de ce nombre. Il dessinait déjà avant même de savoir tenir un crayon entre les mains. Il y aurait donc lieu de croire qu'il fut envoyé dès ses plus tendres années dans une école de dessin où son talent put se développer. Il n'en fut rien et cela pour un motif assez extraordinaire.

Des personnes compétentes — ou du moins réputées comme telles — prédirent que le jeune Tadema, faible de constitution comme il l'était, n'atteindrait pas la vingtième année. Il ne valait donc pas la peine, ainsi raisonnait le Néerlandais pratique, de faire de grands frais pour l'instruction du jeune Frison, et, quoique l'on se fût informé des conditions de plus d'une académie, on s'en tint à ces démarches et on ne fit rien pour y faire admettre le petit Laurens.

Finalement on lui trouva une classe de dessin à l'académie d'Anvers et, en 1852. Tadema, âgé de seize ans, partit — contre le gré de sa mère — pour les Pays-Bas catholiques. Le voyage se fit par bateau de Leeuwarden à Amsterdam, puis, par malle-poste jusqu'à Anvers; le tout représentant un trajet de 36 heures. Voyage fastidieux et monotone mais symbolique en ce sens qu'il rappelait ces longs et sombres couloirs par lesquels il faut passer avant d'arriver au lumineux panorama. En débarquant à Anvers le premier objet que vit Tadema fut une locomotive, une nouveauté pour le jeune Frison qui en fut ébloui comme bien on pense.

Tadema travailla trois ou quatre ans sous la direction de Wappers et plus tard sous celle de De Keyzer qui succéda comme directeur à celui-ci. Un

Un atelier de potiers faïenciers en Angleterre, d'après un tableau.

Au jardin.

événement capital ne tarda pas à se produire dans la carrière du jeune peintre: on lui commanda un premier tableau.

Il fut aux anges! Il courut chez le directeur auquel il conta qu'il allait prendre un temps de vacances, puis travailler à un tableau commandé!

L'accueil du directeur fut une sorte de douche d'eau froide. Le règlement de l'académie portait qu'une absence de plus de trois semaines entraînait l'exclusion du manquant. Le jeune Frison savait donc à quelle peine il s'exposait, quand il eut laissé s'écouler le délai fatal sans faire acte de présence.

Toutefois il ne se laissa point démonter, il souhaita le bonsoir au directeur et se mit au travail. Il ne retourna plus à l'académie que pour suivre quelques cours spéciaux.

Vers cette époque Tadema fit la connaissance de Louis De Taey, professeur d'histoire, une connaissance qui exerça une grande influence sur la nature de son art, du moins quant au choix des sujets. A ce moment remonte sa prédilection pour la peinture historique. La connaissance qu'il fit d'un cercle d'Allemands établis à Anvers et se vouant à l'étude de l'histoire, principalement à l'étude des époques de l'ancienne Germanie, devait exercer une influence plus grande encore sur sa culture et son développement artistiques. C'était le beau moment de Grimm et de la *saga* des „Niebelungen." Tadema se trouva complètement sous le charme des récits légendaires, il lut fébrilement aussi les „Récits des temps mérovingiens" d'Augustin Thierry qui faisaient fureur alors parmi la jeunesse. Il s'efforçait de se transporter en arrière, à ces époques reculées et de représenter les héros et les héroïnes de ces livres d'après les données sommaires de l'auteur.

Le premier tableau qui fit connaître Tadema était une composition historique: *L'Éducation des Enfants de Clovis*, qui fut acquis, en 1861, pour la tombola du Salon d'Anvers, et qui fut gagné par le roi des Belges. Ce tableau décora le palais royal de Bruxelles jusqu'à ces derniers temps où, le roi Leopold II s'en défit avec d'autres objets precieux, et le vendit à Sir John Pender de Londres.

Tadema vécut treize ans dans la ville de l'Escaut. Sa mère et sa sœur avaient surmonté leur aversion pour le pays catholique et étaient venues le rejoindre en 1859. A cette époque il envoyait constamment aux expositions en Hollande. Toutefois la plupart de ces toiles sont oubliées. Il remporta son premier grand succès avec une toile intitulée *Venantius Fortunatus*, qui fut acquise par le chevalier Hooft van Woudenberg et reprise à la mort de celui-ci, pour le musée de Dordrecht au prix de 14.000 florins. Ce tableau valut à Tadema sa première médaille d'or à Amsterdam.

Les musées de Cardiff et de Lille possèdent aussi des toiles dues aux pinceaux de Tadema. Mais la plupart de ses œuvres garnissent des collections particulières. C'est surtout l'Amérique qui se dispute ses compositions. Les Etats Unis et, avec eux, l'Angleterre représentent ses meilleurs clients. Bizarrerie! Jamais on ne lui a rien acheté en France.

Peu à peu, tandis qu'il travaillait avec persévérance à Anvers, son nom se faisait, surtout en Angletere où sa peinture soignée, distinguée, bien ordonnée et d'un goût quasi-aristocratique devait rencontrer plus de suffrages qu'aux Pays Bas.

La peinture de Tadema se distingue par la netteté, la minutie, le fini dans les détails, le travail d'après des règles fixes, tandis que chez les Hollandais modernes, ses compatriotes et confrères, plus de latitude est laissée à la fantaisie, et plus d'importance attachée à l'impression. Tadema est un „gentleman" posé, de profonde science et de goût raffiné, qui s'observe, se contient, mûrit et pèse longuement ce qu'il fait, qui ne travaille que méthodiquement; c'est un *matter of fact man* comme on dit en Angleterre, un homme pratique mais qui vit par et pour son art, ne

L'atrium.

pensant qu'au moyen de conformer le mieux sa vie à son esthétique, et réciproquement faire concourir cet art au bonheur et au confort de l'existence.

Pareille conception de l'art et de la vie comporte plus d'abnégation et de labeur qu'on ne se l'imagine. Le „pour et par l'art" de Tadema exclut toute pensée de consécration incomplète. Dans son atelier on trouvera plus d'une fois, encore sur le métier, un tableau dont un artiste moins consciencieux se serait déjà séparé depuis longtemps, même en n'en étant point satisfait. Tadema me montra un jour un tableau presque terminé auquel il travaillait sans trêve depuis quatre mois. Il y avait un défaut dans cette œuvre, et Tadema venait seulement de le découvrir. A droite et à gauche de cette toile, était assise une figure de femme. Les deux visages se trouvaient sur une ligne horizontale, de sorte que tout ce qui se trouvait au-dessus ou en dessous de cette ligne paraissait repoussé et sacrifié. On n'apercevait que ces deux têtes d'une raideur désagréable.

Malgré le labeur qu'elle lui avait coûté, Tadema s'était résigné à gratter une de ces figures et à la remplacer par une autre. Dans un sombre coin de l'atelier était reléguée une autre toile importante, affligée d'une tare, elle

aussi. Depuis longtemps elle était mise à part, sans que le peintre fût parvenu à en découvrir le point vicieux. Pour lui, elle était absolument invendable. Voilà de la probité d'art ou je n'en connais pas.

Un tableau que Tadema acheva à Anvers, *Frédégonde et Pretextat*, fut acquis pour la tombola du Salon triennal de Bruxelles et y valut tant de succès à son auteur qu'il se décida à se transporter d'Anvers à Bruxelles, où son talent était mieux apprécié. Il n'y paraissait pas au prix auquel le tableau fut acquis: 500 francs; mais plus tard Goupil le racheta pour 10,000 francs à celui qui l'avait gagné et le marchand le céda à son tour pour environ 12,000 florins, à M. Borski d'Amsterdam.

Paul de Saint-Victor consacra à cette composition fameuse une critique dans laquelle il était dit que la Frédégonde de Tadema représentait une telle „trouvaille" qu'à l'avenir plus aucun peintre ne pourrait se représenter cette furie couronnée sous d'autres traits que ceux que lui avait prêtés l'artiste frison.

„C'est le plus joli compliment qu'on m'ait fait!" me dit un jour l'heureux peintre.

Le *Charivari* publia une caricature de ce tableau.

Madame Frédégonde était représentée dans une chambre de malades en train de poser des sangsues. Le caricaturiste avait trouvé aux figures peintes sur le carreau une ressemblance avec ces utiles annélides. De là cette irrévérencieuse légende:

Madame Frédégonde garde les malades et pose les sangsues. Ne pas croire Prétexte qui prétend qu'elle les laisse courir dans la chambre.

Ce n'est pas tout. Dans l'opéra-bouffe, *Chilpéric*, que Hervé donna quelque temps après, il introduisait un couplet où le mot du caricaturiste était repris par une vieille femme.

* * *

Le „Hall."

L'année 1859 fut significative et même décisive dans la vie de Tadema, car il fit alors la connaissance du baron Leys, connaissance qui a exercé une incontestable influence sur son œuvre. Il travailla même avec le maitre anversois. Leys était occupé alors à une grande toile *Les trois réformateurs chez Luther.* Il pria Alma Tadema de lui peindre une table gothique sur ce tableau.

Cette table était d'une fidélité parfaite, mais l'exécution n'en plut pas à Leys. Le meuble ne lui parut pas assez fruste, assez moyen-âgeux. C'en aurait dû être une à laquelle pour employer l'expression de Leys „on se fût fait des bleus aux genoux en la cognant." La table trop bénigne fut grattée et remplacée par une masse de chêne à peine équarrie.

Ce détail négligeable en apparence atteste pourtant l'extrême conscience de Tadema. Chaque partie de son tableau est, prise à part, une complète œuvre d'art. Il n'y a rien à y reprendre ni sous le rapport de l'archéologie, ni sous celui de l'architecture, ni sous celui de la couleur. Impossible aussi de supprimer

Paysage, d'après un tableau du maître.

un détail sans nuire du coup à l'ensemble. Peu d'artistes parviennent en fouillant ainsi le détail, à préserver l'unité et l'harmonie de l'ensemble.

Est-ce Leys qui montra la voie à Tadema? Il est plus probable que le Frison se rendit à l'école chez les vieux peintres de genre hollandais: chez Jan Steen, De Hoogh, Metsu et d'autres. Sans doute il apprit de Leys à appliquer à la confection du tableau, la peinture qu'il avait étudiée à l'académie. Leys en ce sens, est bien le maître de Tadema. Aussi lorsque Tadema envoya en 1848 sa toile *la 18e Dynastie* au Salon de Paris, où elle décrocha la médaille d'or, il s'était dit, avec l'autorisation du maître, élève de Leys.

Atelier de Tadema. d'après un dessin de N. v. d. Waay.

Quelque temps après j'eus avec Tadema une conversation intéressante sur ce sujet. „Qu'appelle-t-on un tableau?" lui demandai-je. „On abuse tellement du mot qu'on ne sait plus à quel objet l'appliquer justement."

„Un tableau, répondit Tadema, est une combinaison. Il y a des peintres

D'après un dessin.

qui représentent un morceau de nature et donnent ce fragment pour un tableau. Un tableau, cela! A peine une étude. Avant tout il faut que le peintre ait un sujet. Toute autre condition doit être subordonnée à celle-là. Je prends

„Un conseiller muet"

D'APRÈS UNE AQUARELLE

dans la possession de Mr. P. Stortenbeker.

comme exemple *l'Ivrogne* d'Israels. Tous les détails ne s'harmonisent-ils pas
avec l'ensemble? Aucun détail ne peut être omis. Tous sont indispensables à l'impression que le peintre a voulu donner. Voilà pourquoi, faire
un tableau est si difficile et est-il plus facile, sous maint rapport, de peindre

D'après un dessin.

un portrait. Un tableau doit être quelque chose de plus qu'un bon morceau
de peinture.

— Quel est votre avis sur la question tant discutée aujourd'hui, à savoir si un jeune peintre doit se choisir un maître ou s'il doit marcher sans s'inquiéter de personne, mort ou vivant. Sans doute avez-vous suivi la polémique engagée à ce sujet dans le *Handelsblad?*"

Un des collaborateurs de cette feuille combattait violemment l'institution des „Prix de Rome." Il soutenait que ces prix comme tout ce qui était de nature à pousser les jeunes artistes à imiter les maîtres reconnus, constituait un danger pour l'art.

D'après une lithographie.

Maris fut consulté sur ce point et cet artiste se prononça plutôt pour l'abolition des prix, bourses et autres concours. Je trouvai intéressant d'avoir l'avis de Tadema. Ce maître donna en partie raison au journaliste, estimant les voyages très dangereux pour un artiste qui n'a pas encore conscience de lui-même.

„Étudier d'après le modèle des autres et copier, est la mort de l'art" dit-il. „On n'acquiert que des procédés et des manies. Neuf fois sur dix l'apprenti n'acquerra aucune des qualités de son modèle, mais bien tous ses défauts. Il est impossible en effet de mettre dans une copie ce que le maître a exprimé dans l'original! L'art est le „rendu" d'une impression que la nature produit sur le tempérament de l'artiste. Deux hommes ne se ressemblent pas plus qu'une feuille n'est complètement semblable à une autre feuille; impossible alors que tous deux voient la nature de la même façon. Il ne peut naître des artistes de ces étudiants appliqués, que l'on voit tous les mardis et jeudis dans la *National Gallery* s'échigner à copier les inimitables toiles de Turner!

Quant à ce qui me concerne, jamais je ne voulus voyager avant d'avoir trouvé ma voie, avant d'y voir clair dans ma nature, avant de savoir à quelle fin j'avais été mis sur la terre."

Plus d'une fois des amis mirent de l'argent à la disposition de Tadema pour lui permettre de voyager et d'aller étudier dans d'autres pays les chefs-d'œuvre des maîtres. Il refusa toujours ces offres cordiales et, avant son grand succès de 1861, jamais il n'avait fait de voyage artistique. Cette année-là il se rendit à Cologne afin d'y étudier l'art allemand dans l'exposition qui venait de s'ouvrir pour l'inauguration du nouveau musée de peinture.

Portrait de Miss Marks, d'après un tableau.

Jamais il n'a visité la Grèce et l'Égypte.

„Cela ne veut pas dire, reprenait-il, qu'à mon avis le peintre ne doive pas apprendre; en étudiant il s'assimile l'expérience du maître jusqu'à ce qu'il puisse succéder à celui-ci. Ce n'est toutefois qu'à partir de ce moment que le peintre doué, commence à son tour à faire œuvre vraiment originale et de maitrise.

„Les premières toiles de Van Dyck ressemblent d'une façon frappante à l'œuvre de Rubens, plus d'un Bol a été vendu pour un Rembrandt. Plus tard, toutefois, après les années d'études, quand le jeune artiste s'est trouvé lui-même, le talent original vient au jour."

Portrait du sculpteur George Simonds et de sa famille, d'après un tableau.

— En quel pays, dans votre opinion, l'art tient-il le plus haut rang. La France n'a-t-elle point pris la direction du mouvement?

— La France? Mais savez-vous bien que nos Van der Meer et Pieter de Hoogh ont tracé des routes et fixé des lois dont l'art français vit encore aujourd'hui? Courbet, Rousseau et les autres sont tous continuateurs des vieux Néerlandais, qui ont aussi donné leur direction aux grands peintres de l'Angleterre. L'école anglaise romantique de Reynolds et Gainsborough doit son existence aux vieux maitres hollandais et flamands. Gainsborough prononça cette parole sur son lit de mort: „Cette nuit je serai avec le grand maître."

Il voulait dire Van Dyck. A leur tour les grands peintres anglais donnèrent une direction à la France. Daubigny me dit un jour: „Crome. Turner et Constable sont nos maîtres. Nous ne faisons que les suivre."

— Que pensez-vous de l'art néerlandais actuel?

Nous abordions un terrain dangereux. Il est toujours difficile, mais il est surtout délicat pour un peintre, d'émettre un jugement sur ses confrères. Je me garderai donc d'entrer dans des appréciations détaillées. Le plus sérieux

Mme Rowland Hill et ses enfants, d'après un tableau.

reproche que Tadema fait à l'école nouvelle, c'est qu'elle répugne à la couleur: „Ils ont vu travailler Israels — le petit fils de Rembrandt comme l'a appelé Vosmaer — et ils prétendent l'imiter. Impossible! Ils font du bousillage. Ce qui était un moyen chez Israëls, devient le but chez ses soi-disant disciples, et le puritanisme des Hollandais qui déteste la couleur, de se réjouir! Les jeunes s'abstiennent de chercher la couleur et la lumière; ils ne trouvent plus de jouissance dans la contemplation d'un ensemble de couleurs variées et pourtant harmonieuses."

Et Tadema puisa, pour mieux se faire comprendre, un exemple dans notre entourage direct.

C'était une superbe soirée. Nous étions assis dans le jardin sous un accacia ;
les floraisons embaumaient et nous entouraient de leur majesté sereine, s'har-
monisant avec les dégradations du feuillage et le bleu ineffable du ciel. Le
jet d'eau se plaignait mélodieusement dans le bassin entouré de plantes et l'air
était si calme qu'aucune brise ne dialoguait avec l'eau mystérieuse.

— Tenez, voilà ce qu'aucun de nos nouveaux peintres hollandais ne voudrait
ou ne saurait interpréter! me dit Alma Tadema. A la rigueur il rendrait peut-
être l'impression du calme vespéral, il saisirait bien le ciel s'obscurcissant avec
cette strie de lumière à l'occident, et aussi cette verdure estompée avec sa

Jardin à Florence. D'après un tableau de la collection de H. W. Mesdag.

gamme de nuances, mais quant à l'effet de la lumière sur les fleurs, le marbre,
l'eau susurrante et clapotante, cela serait bien trop subtil et trop fin pour ses
pinceaux.

„S'il lui arrive de peindre un joli visage de femme ou les bras potelés d'un
enfant, tout le moelleux et les irisations de cette chair lui échappent. Les
couleurs ne le charment plus. Une rue pavoisée et enguirlandée de feuillage,
un cortège chatoyant, une procession aux étoffes bariolées, ne lui disent plus
rien. Et pourtant combien toutes ces oppositions et même ces confusions de
tons sont amusantes! Combien la vie parait plus belle ainsi colorée et ensoleillée! Pourquoi peindre toujours la pluie et la misère quand il y a encore
tant de bonheur et de joie à être de ce monde!

„Voulez-vous que je vous le dise, les peintres hollandais modernes donnent
seulement le ton, mais non les couleurs. C'est le vieil esprit calviniste. En
Allemagne il en est allé de même de la peinture quand le protestantisme a
prévalu."

J'ai transcrit textuellement les paroles de Tadema et je ne pense pas qu'on
trouverait à y reprendre.

*
* *

Partie de plaisir. D'après un tableau de la collection H. W. Mesdag

Avant qu'il se fût établi à Londres Tadema logea quelque temps chez Gambard, son marchand, avec qui il avait un contrat. Gambard avait déjà fait exécuter

Frédégonde et Prétextat, d'après l'aquarelle de M. E. Gressin de Boisgirard, à Anvers.

de nombreuses commandes par Tadema et il semblait que la peinture de celui-ci
rencontrât grande faveur en Angleterre. Qui dira la consternation de Tadema
en constatant que toute la maison de son marchand était tapissée de ses toiles.

Gambard rassura un peu le jeune peintre. A la vérité il n'était pas encore parvenu à placer le moindre tableau de son protégé, mais il n'en prenait aucun souci. Il avait une confiance absolue en les mérites de Tadema, et il était même certain que du jour où son jeune talent „percerait" en Angleterre les commandes se succéderaient sans interruption.

L'avenir justifia les prévisions flatteuses de Gambard. Après qu'un tableau du Frison eût été exposé à la *Royal Academy*, tout ce qu'il avait de disponible s'écoula comme par enchantement.

Toutes les toiles de Tadema sont numérotées et enregistrées. De la plupart de ces œuvres existent trois exemplaires dont le second — contrairement à l'avis de Tennyson sur les *second thoughts* — est généralement le meilleur.

Longtemps Alma Tadema chercha à plaire au public en peignant des portraits en miniature, mais sa tentative ne réussit point. Il attend encore des commandes.

Son marchand l'engagea un jour à peindre une série de monuments historiques. De la série il n'en acheva qu'un: le *Parthénon*. Le suivant, une reproduction de *l'Aya Sofia*, de Constantinople, ne fut jamais terminé.

Le registre porte les noms de nombreuses personnalités dont Tadema fit le portrait. Le dernier, par ordre de date, est celui de Paderewski, le pianiste, la coqueluche du dilettantisme Londonien lors des dernières „saisons". A l'exposition de *l'Académie* figurait un portrait du ministre Balfour, dont le „*Punch*" fit une charge assez spirituelle.

Au registre sont inscrits aussi les noms du ministre néerlandais à Londres, le comte de Bylandt, de Louis Barnay, Hans Richter, George Hendschel, Mme Adama van Scheltema, etc., etc.

Des élèves de Tadema c'est Mesdag le plus renommé. Ses disciples en Angleterre forment un long cortège, car son influence sur les peintres anglais d'aujourd'hui est indéniable. Cette influence a-t-elle toujours été salutaire? Il nous semble que l'on ne comprend pas bien la peinture de genre en Angleterre. On y peint des anecdotes au lieu de faits et de situations, et en outre tous les imitateurs du maître manquent de la fraîcheur de son coloris, de l'harmonie des détails, sans parler de cette pureté et de cette noblesse des lignes qui caractérisent les compositions de Tadema. Chez lui toutes les figures s'harmonisent avec les ambiances et il en résulte un véritable et rare enchantement. Le spectateur se sent transporté hors de son temps et de son milieu sans être le moins du monde dépaysé. Le peintre vous introduit dans un intérieur romain ou grec où vous vous trouvez chez vous comme si vous y aviez toujours vécu. Les figures, par exemple celle de cette mère assise sur un sofa avec son enfant, sont à la fois romaines et dix-neuvième siècle, de costume, d'attitude, de geste et d'expression. C'est un nouveau pays et un autre peuple qu'on vous montre; cependant ce pays touche au vôtre et ceux qui l'habitent sont des frères et sœurs. Les figures de vierges sont couchées ou assises sur le marbre, mais personne ne songe au froid de la pierre; cela vous semble tout naturel. Ces tableaux sont parfaitement humains et, pourtant, ils vous

Rêverie, d'après une aquarelle appartenant à M. Taco Mesdag

La cathédrale de Mûnster, d'après un tableau.

emportent loin des contingences du jour. On ne peut mieux les comparer qu'aux romans d'Ebers.

Après que Tadema se fut définitivement fixé en Angleterre — en 1873, il reçut de la Reine ses *letters patent of denization* et, par là, tous les droits du citoyen anglais — il fit de l'élément historique un simple accessoire. Ce n'est qu'un moyen. Le but essentiel est de rendre le sentiment humain, éternellement émouvant et attachant.

Quoique demeuré Hollandais par son art, Tadema paraissait tout indiqué pour être adopté par les Anglais. L'accueil chaleureux qu'on lui fit à Londres n'a rien qui doive nous surprendre. Les Londoniens répugnent foncièrement à l'impressionnisme. Ils n'en comprennent ni la conception ni la réalisation. Vivant dans une des villes les plus sâles de l'univers, tourmentés du matin au soir par la fumée et le fracas des voitures, ils aspirent à autre chose que celui qui vit dans un petit pays calme et riant. L'art est là-bas un délassement, une trêve pour la moitié de la population; pour l'autre moitié il est un article de mode.

Ils ne réclament donc point un peintre qui fasse de l'art difficile à comprendre, un art auquel il faut souvent revenir pour s'en pénétrer. Ils n'ont point le temps. *It does not pay!* Et tout est dit! „Accordez-nous un peintre (telle aurait été leur prière au Lord céleste, s'ils n'avaient trouvé cette prière trop profane) qui nous arrache au train de la vie ordinaire, sans que nous soyons forcés de perdre nos affaires des yeux; que nous puissons nous assimiler tout de suite et qui soit cependant un réel *artiste;* qui sache nous intéresser et nous émouvoir; qui ne travaille pas sous l'influence de la fumée et du brouillard, mais dont la couleur demeure fraîche et riante, comme l'air et la verdure des champs; qui flatte aussi notre sens de l'ordre et de l'harmonie, qui épure encore notre sentiment de la beauté et ennoblisse notre goût.'

Alma Tadema répondait tout à fait à ce vœu de l'âme anglaise. Aussi, voyez quelle amélioration son influence a déterminée, ces dernières années, dans le goût et le sens coloriste du public anglais cultivé. Tadema vit et travaille, d'après cette maxime illustrant l'un ou l'autre mur de sa maison:

Ainsi que le soleil dispense leurs parfums aux fleurs,
L'art embaume notre vie!

PIERRE STORTENBEKER.

PAR

P. A. HAAXMAN Jr.

Le canal [...], d'après une aquarelle.

PIERRE STORTENBEKER.

Il est de ces demeures réjouies où brille toujours un joyeux soleil, et cela par tous les temps, car s'il ne se montre pas dans le ciel bleu il rayonne dans le cœur des hommes. Je connais une de ces demeures, sur le „Spui", à la Haye, où est établi, de temps immémorial, le siège de la „firme" Stortenbeker. Je me rappellerai toujours le vieux monsieur Stortenbeker, le chef de la raison sociale, tel qu'il était lorsque j'étais enfant, avec sa tête blanche et chenue, ses yeux pénétrants et sa physionomie austère. Il avait donné une excellente éducation à ses cinq fils: Jean, Guillaume. Pierre, Isaac et Corneille. Les cadets comme les aînés s'efforçaient de prospérer dans la voie que leur avait indiquée le digne commerçant. Le négoce ne laissait pas assez de loisirs à celui-ci pour lui permettre de consacrer beaucoup de temps aux beaux arts. Toutefois, aux heures qu'il pouvait dérober aux affaires, son plus grand plaisir consistait à copier des tableaux de maîtres. Il inspira ainsi de bonne heure le goût de la peinture à ses garçons et, lorsque le moment vint pour eux de se choisir une carrière, trois d'entre eux, savoir Jean, Pierre et Corneille, sentirent brûler en leur poitrine le feu sacré de l'artiste. Ils furent envoyés l'un après l'autre à l'académie de la Haye. Plus tard ils occupèrent chacun un rang distingué dans la phalange des peintres de la „résidence". Jean s'était voué à la peinture décorative, Corneille (mort depuis) peignait les oiseaux, enfin Pierre se fit une grande réputation de peintre animalier, réputation qui s'est accrue jusqu'à la gloire. Leurs frères Guillaume et Isaac réussirent dans le domaine musical. Le premier fut, dans sa jeunesse, un violoniste de renom, plus tard il se consacra

De Zuiderzee près de Huizen, esquisse au pastel d'après nature.

à l'étude du droit pour aller occuper aux Indes, où il est encore en fonctions, une des plus hautes situations administratives. Enfin Isaac, le cadet, n'est autre que le très distingué pianiste de la Cour, et le maître de musique de S. M. la Reine.

Les deux frères Jean et Pierre habitent ensemble la vaste et vénérable maison patrimoniale. Le peintre décorateur a établi son „chantier" dans un autre quartier, mais l'animalier travaille dans un vaste atelier de style antique, situé à l'étage supérieur et sur le derrière de la maison. Jean s'est réservé un joli atelier, dans la demeure paternelle, pour ses ouvrages de moindre dimension. De cet atelier on gagne le champ d'activité de Pierre par un escalier étroit et tortueux. Cette pièce, très spacieuse, est divisée en deux compartiments. Le long de la paroi règne un lambris antique admirablement sculpté. Çà et là on admire des bahuts et des crédences d'un travail curieux. A la cimaise s'étalent des études dues au maître de céans et à ses amis. Cet atelier représente un véritable cabinet d'antiquités. Des cages d'oiseaux, d'un modèle original, sont suspendues au plafond. Ici, on est arrêté par un trophée d'armes, plus loin par une armure ou un costume historique. Le coin de l'atelier où sont les chevalets du maître est éclairé par une haute baie. Tout en causant

Au bord de l'étang, d'après une aquarelle.

avec le peintre, les regards sont machinalement attirés par l'un ou l'autre bœuf ou mouton de Pierre, ou par une œuvre intéressante d'un de ses confrères. Il est à remarquer que c'est le plus souvent dans les ateliers d'artistes et non dans les expositions qu'on trouve les œuvres véritablement géniales.

Rien de plus naturel. Les artistes sont les meilleurs juges et connaisseurs du talent de leurs émules. Les toiles qu'ils échangent entre eux contiennent généralement la quintessence, la moelle de leur génie. Ainsi Stortenbeker possède peut-être quelques-unes des études les plus personnelles de ses confrères. Une fois, comme mes yeux ne parvenaient pas à se détacher d'une étude de Thijs Maris, il s'empressa de décrocher le panneautin de la muraille et de le débarrasser, d'un revers de sa manche, de l'épaisse couche de poussière qui le recouvrait. Avec quelle ferveur il contemplait l'œuvre de son frère d'armes! C'est qu'il est réussi cet effet de soleil couchant, à la limite de l'horizon et de l'océan, avec cette sombre silhouette de marin poussant une chaloupe au large et s'auréolant de lumière dorée. Le moment de nature, la poésie de cette calme vesprée estivale, ont été magistralement rendus par le maître dans cet étroit panneautin. Outre ce petit chef-d'œuvre de Thijs, on remarque, réunis en une collection inestimable, ce qu'on pourrait appeler les „intimités" du talent des principaux contemporains. Voici, de Jaap Maris, une jeune femme sur la plage, dont le bonnet blanc s'accorde savoureusement avec la tonalité de l'atmosphère; plus loin c'est un saisissant porche d'église de C. Bisschop, le vieil ami de Pierre Stortenbeker; et encore une étude de pêcheuses de Joseph Israëls; un minuscule mais délicieux paysagillon de Jan Vrolijk, mesurant à peine deux ou trois pouces et représentant l'avenue de Julia à Rijswijk, l'avenue dite des Boulangers, près du bois de Bezuiden, bien connue des vieux habitants de La Haye,

Tête de mouton, étude au pastel.

par J. H. Weissenbruch, et où celui-ci a représenté, en train de jouer, les deux enfants de son ami Destrée; deux petits paysages de Roelofs, et nombre d'autres souvenirs encore des années d'études de Pierre et de ses contemporains. De Josselin de Jong a fait un admirable portrait, grandeur nature, de Stortenbeker. Cette tête merveilleuse de vie et de caractère, De Josselin ne serait pas capable de lui donner un pendant.

Malgré la différence des tendances et des directions, Stortenbeker parle de ses confrères avec une rondeur et une cordialité intarissables. Il est plus difficile de le mettre sur le chapitre de sa propre personnalité; mais en parlant des autres, de ses compagnons de lutte et de travail, c'est un peu sa vie à lui qu'il raconte. Et cette vie, nous nous la représentons plus saisissante encore en jetant les yeux sur un beau portrait de Stortenbeker, jeune homme, par E. Johnston. Alors on s'imagine le jeune Stortenbeker, sa haute stature, son teint animé, ses yeux brillants; on le voit,

A Tinaarlo, d'après une aquarelle.

avec sa fine barbiche, le feutre sur le front, se mettre en route pour la campagne où il s'agira de récolter de fraîches impressions, en compagnie de ses
amis Toon Madlener, Henri Van Ingen et Daniel Koelman. Tous des gaillards
aussi crânes et aussi dispos que Pierre, tous joyeux de vivre, compagnons
inséparables, partant, armés de leur carnet de croquis, à la conquête des beaux
„gestes" rustiques. Ils alternaient leurs petites excursions à Delft, Schiedam,
Voorburg ou Nootdorp, avec des voyages plus lointains, des tournées de plusieurs
jours, durant lesquelles ils déployaient un talent extraordinaire pour voir,
s'amuser, et surtout étudier le plus en dépensant le moins possible. En comparant ces joyeuses expéditions de sa jeunesse avec les pérégrinations plus

Près du canal, esquisse au pastel d'après nature.

considérables de son âge mûr, Stortenbeker a constaté, comme bien d'autres
l'avaient fait avant et le feront après lui, que ce n'est pas toujours lorsqu'on
a le gousset le mieux garni que l'on s'amuse le plus. Ainsi il lui arriva de
voyager trois mois entiers dans la province de Gueldre et en Allemagne, et
de rentrer après n'avoir dépensé en tout et pour tout que 80 florins. Et cependant elles étaient longues les journées de ces mois de voyage! Stortenbeker
était debout dès quatre heures pour se rendre dans la bruyère et y travailler
d'après nature jusqu'au coucher du soleil. Plus d'une fois il s'attardait tellement
dans ces solitudes qu'ayant vidé son havresac à provisions, il était poussé par la
faim vers l'une ou l'autre ferme isolée, et même forcé, pour peu que le paysan
se montrât inhospitalier, de solliciter de la générosité d'un passant de quoi
apaiser ses fringales. C'est entre autres ce qui lui arriva dans le pays de Liège où

une pauvre femme lui abandonna une partie de son pain en disant. „Il faut que les pauvres diables s'entr'aident!" Naturellement, la bonne âme ne fut pas peu surprise du prix que le prétendu mendiant lui paya ce quignon de pain noir! Peut-être crut-elle avoir rencontré Jésus en personne!

Au cours d'une de ces expéditions de Stortenbeker, en compagnie de ses inséparables cités plus haut, nos peintres visitèrent l'île de Dordt. Après avoir admiré et „croqué" tout un jour les curiosités de la contrée, le soir venu ils regagnèrent, fatigués, l'auberge de la *Demi-Lune* au village de S....

Le garde-champêtre du village, qui se trouva, par la suite, avoir eu l'esprit

Pâturage près de Voorburg, d'après un pastel.

un peu brouillé par la chaleur torride de cette journée et plus encore par les palliatifs qu'il avait voulu apporter aux effets de cette chaleur intolérable — le garde champêtre, dis-je, prit ce quatuor de peintre pour des étrangers très suspects et leur réclama un passe-port ou un autre papier d'identité. Naturellement nos amis accueillirent cette exigence par des éclats de rire homériques. Mais tandis qu'ils dormaient déjà à poings fermés, l'aubergiste monta l'escalier quatre à quatre et les réveilla en sursaut, en frappant à leurs portes. Le garde-champêtre était revenu avec le bourgmestre, et ce très honorable magistrat de la bourgade s'apprêtait à monter chez eux pour leur dresser procès-verbal. En effet on entendait du vacarme dans l'escalier. Loin de s'en laisser imposer

les artistes se mirent à entonner le refrain d'une scie d'atelier qui faisait fureur
à cette époque. L'instant d'après le dortoir des rapins présentait l'aspect d'une
illustration pour une comédie de Molière, ou aurait fait songer à la fin du
second acte du *Barbier*, quand la garde fait son entrée chez Bartholo. Le
bourgmestre ceint de son écharpe et la chaîne d'argent au cou, le garde-
champêtre encore plus rouge que d'habitude, l'aubergiste et sa famille muets et
anxieux, nos quatre peintres en costume presque réduit à sa plus simple expres-

A Stompwijk, d'après une esquisse à l'huile.

sion. Tableau! Il suffit toutefois de quelques paroles d'explication de Stortenbeker
pour apaiser le bourgmestre et calmer le zèle administratif du garde-champêtre. Les deux représentants de l'autorité dégringolèrent l'escalier après
avoir bredouillé quelques excuses, et, après un feu roulant de plaisanteries obli-
gées sur cette aventure burlesque, les quatre artistes se coulèrent dans leurs draps.

Plus tard le plus grand plaisir de Stortenbeker consistait à organiser, avec
ses amis Bosboom et Weissenbruch, Roelofs et Gabriel, Bakhuijzen et Vakken,
des pèlerinages d'exploration vers l'un ou l'autre coin pittoresque du pays.
Plusieurs fois ils partirent d'Oosterbeek pour gagner, à travers les bruyères,
Amersfoort et Barneveld, hantant de préférence les endroits rendus historiquement

célèbres par les exploits de la „Bande Noire" qui, tout à fait dans la couleur romantique de la peinture de cette époque, venaient d'être chantés par Oltmans dans son
Berger. L'Allemagne, notamment Dusseldorf, l'attira différentes fois aussi. En 1857
il entreprit avec ses frères Isaac, Jean et son ami Corneille Bisschop, qui avait été
depuis 27 ans son inséparable compagnon de route à la Haye et ses environs, un
grand voyage à Paris et en Normandie avec retour par l'Allemagne et la Belgique.

Ses nombreux voyages auront certes contribué pour une large part au

En attendant la trayeuse, d'après un pastel.

développement de Stortenbeker comme artiste ; toutefois son commerce intime
avec la radieuse Hollande, sa patrie, a eu une influence plus bienfaisante encore
sur son généreux talent. Nul n'a mieux rendu par les pinceaux ce que le
poète hollandais Poot a décrit si pittoresquement dans sa *Vie rustique* et ce
que Theuriet ou Pierre Dupont ont chanté en français. Il rendait leur poésie
propre et un peu farouche aux paysans poussant leur attelage de bœufs et la
charrue à travers la glèbe fumante et grasse ; il disait la beauté sereine et
puissante des charrois de moissons d'or regagnant les granges, les plastiques
travaux des aoûterons, la vie contemplative des vachers et des pâtres.

* *
*

Nul mieux que Stortenbeker n'a modelé et pour ainsi dire sculpté en peinture les
intéressants individus de la race bovine. Il excelle dans la peinture des taureaux et
des génisses autant que Rochussen dans des scènes historiques consacrées aux
bimanes. Ainsi que son illustre devancier Potter, Stortenbeker a étudié ses bœufs

Chaumière de journalier à Nieuwkoop, d'après une aquarelle.

et ses vaches dans les moindres détails de leur caractère et dans les plus insaisissables particularités de leur structure anatomique. Ses toiles magistrales en font foi.

C'est sans doute à cause de cette intimité de Stortenbeker avec ses majestueux et placides modèles que tous ceux-ci semblent appartenir à la même
famille. Une vache ou un taureau de Stortenbeker est reconnaissable entre
tous, et cela, que la bête soit vautrée, debout ou en train de courir. Comme
les bœufs de Jean Vrolijk et de De Haas se reconnaissent à certains traits de
famille, de même ceux de Stortenbeker appartiennent tous à une espèce que
le peintre a distinguée des autres. Ses bœufs à lui diffèrent de leurs congé-

Pâturage près de Voorburg, pastel d'après nature.

nères peints par d'autres animaliers, par leur couleur solide, le modelé magistral
de leurs têtes, leur anatomie particulièrement vigoureuse et musclée. Puis il
campe si royalement ses bêtes préférées dans une flambée de soleil, sous un
ciel d'un bleu intense et profond, parmi les pâturages humides et tendres! Un
naturel du Saharah qui n'aurait visité qu'une seule fois la Hollande, s'écrierait
à la vue d'un tableau de Stortenbeker: „Ah! le voilà, ce Paradis Terrestre!"

Mais pour bien faire il faut voir les études du maître dans son atelier. Elles
représentent autant d'œuvres d'art achevées. Quelle variété dans ce bétail
tacheté de noir ou de roux! Quelle vie dans ses attitudes! Avec quelle
béatitude, quelle volupté il se laisse caresser par la lumière argentée et l'éther
humide et tiède! Et comme toute chose est mise en valeur! C'est bien
ainsi que des yeux sains et enthousiastes doivent envisager les nobles créatures
de Dieu. Parmi les illustrations accompagnant ce texte est l'esquisse d'une
vache peinte par Stortenbeker, près de Stompwijk, où l'on admire à la fois
le modelé quasi-sculptural des formes opulentes et le délicieux chatoiement de la
lumière le long du pelage velouté. Le tableau achevé d'après cette esquisse fut
exposé en 1894, au salon d'Anvers.

Etudes au pastel.

Rien n'est plus amusant, lorsque le peintre
est en veine d'expansion, que de lui entendre
détailler le caractère et les manies du vieux
„Chris," du grand „Taureau" ou de la vieille
mère „Caillée," tous intéressants quadrupèdes
avec lesquels il a vécu familièrement des
semaines et des mois, avant de leur faire
prendre la pose désirée, et en se les conciliant
au moyen de force distributions de gâteaux
de lin.

A l'exemple de Potter, un jour il peignit
une vache et son veau, grandeur nature.
C'était en 1868, chez Van Oosten près du
Broeksloot sous Voorburg. Le travail dura
trois mois. Stortenbeker se mettait à la
tâche dès l'aube et ne la quittait qu'à la
chûte du jour. Au début dame Vache avait
été attachée à un piquet afin de lui faire
tenir la pose; mais à la fin elle s'habitua si
bien à la société du peintre qu'on put se
passer de ce piquet. Toutefois un jour il y eut
un moment de consternation profonde. Un
vent furieux s'éleva subitement. Avant que le
peintre ait eu le temps de se garer et de plier
bagage, son attirail fut culbuté, la toile colos-
sale et son châssis furent soulevés de terre et
rejetés sur le sol, à quelque vingt mètres de là.
Heureusement le dégât fait à la peinture put être facilement réparé. La vache et
son veau ayant été achevés, cette composition capitale fut exposée au Bazar
Royal, chez M. Boer, qui l'avait achetée. Feu la reine Sophie des Pays-Bas, vint

souvent admirer le tableau du maître. Lors d'une de ses visites, S. M. constata
que la toile avait disparu et, s'étant informée auprès du marchand, elle
apprit qu'il l'avait cédée à un riche amateur de Vienne. La reine se montra
enchantée du succès de Stortenbeker. Mais le marchand regrettait presque
de s'être défait du tableau : „Peut-être ai-je eu tort de le vendre, Majesté,

L'entrée du village de Noorden, d'après une aquarelle.

disait-il à la reine, car cette vache me donnait tous les jours beaucoup de lait !"
Toutefois M. Boer fit sans doute une excellente affaire. Pour exprimer sa
satisfaction au peintre il lui fit cadeau d'une cage antique qu'on voit encore dans
l'atelier de Stortenbeker 1).

*　*
*

1) La vache, grandeur nature, fut exposée (Octobre 1897) à Vienne, chez le marchand Hierschler, et, au dire de
deux Allemands qui visitèrent Stortenbeker, elle fit sensation dans le monde artiste. On en demande 10.000 Marcs.

J'ai dit plus haut que Stortenbeker possède tout un trésor de dessins et d'esquisses de ses confrères. Le précieux contenu de ses portefeuilles a été exposé déjà en mainte occasion au public. Charles Rochussen y est représenté par un cycle de ses plus belles aquarelles. Une tradition veut que les Stortenbeker descendent du célèbre corsaire hambourgeois Claus von Wensfeld, qui, au cours d'une de ses gageures bachiques, retourna complètement son broc afin de prouver à ses rudes compagnons qu'il l'avait vidé d'un trait sans en répandre une seule goutte sur le sol. De là son nom de Stortenbeker (Renverseur de Brocs).

La vie du fameux forban du moyen âge inspira à Rochussen une série de planches où l'érudition et la fantaisie du peintre concertent admirablement. Ces planches portent ces légendes :

Comment Claus von Wensfeld fut surnommé le Stortenbeker ou „Renverseur de brocs"; — comment il partit en expédition avec des „victuailleurs" et des requins d'eau douce; — comment il remonta l'Elbe avec ses bateaux jusque devant Hambourg; — comment le pêcheur qui avait longé l'escadre du corsaire en informa le sénat de Hambourg; — comment les Hambourgeois s'armèrent contre les pirates; — comment Claus dut se rendre; — comment, avec ses 76 compagnons, il fut conduit au supplice, au son des tambours et des fifres.

La légende ajoute que Claus Stortenbeker obtint cette grâce du magistrat qu'après avoir été décapité il pourrait courir le long de ses compagnons disposés sur un rang, et que tous ceux qu'il dépasserait auraient la vie sauve. Et il les eût probablement tous rachetés de cette façon, si, pendant cette course macabre, une petite vieille ne s'était avisée de donner un croc en jambe à l'homme sans tête. Il tomba pour ne plus se relever et ne sauva que 22 de ses féaux !

Heureusement les Stortenbeker se sont distingués depuis en d'autres carrières !

Petit vacher, esquisse d'après nature.

*   *
*

Impossible de raconter l'histoire intime de la société *Pulchri Studio* sans dire

Verger à Noorden, d'après une aquarelle.

le rôle important que les Stortenbeker jouèrent dans ce cénacle d'art. A
l'époque où *Pulchri* organisait des séances de tableaux vivants qui révolution-
naient tout le monde artistique des Pays-Bas, les trois frères Stortenbeker comp-
taient parmi les membres les plus zélés, avec Corneille Bisschop, Sam Verveer,
Fridolin Becker, Jan Krans, Carl Sierig, Jacob Maris, Simon van den Berg,
Pierre Vertin. C'était une génération enthousiaste et énergique; le noyau,
l'élite de la célèbre ghilde de Saint-Luc tenant ses assises dans l' „Hofje" de
Nieuwkoop. Les contemporains se souviennent encore avec émotion des admirables tableaux vivants que les confrères représentèrent dans ces réunions,
d'après des œuvres de Troost, Delaroche, David Bles, Bellangé, etc.

Ferme deserte, d'après une esquisse au pastel.

Je me rappelle notamment un „tableau vivant" composé, un soir, d'après
les *Deux Amis*, la toile célèbre de Bellangé. L'effet en fut si émouvant, si
poignant que beaucoup de spectateurs, et parmi ceux-ci la reine Sophie habituée
assidue des séances de *Pulchri*, — ne purent retenir leurs larmes.

Mais c'était aussi l'époque de parodies et de charges énormes. Telle, cette
caricature vivante de la milice citoyenne de la Haye! Le défilé de la garde
urbaine était figuré par un simple malheureux garde, qui filait et défilait sans
cesse, sortant par une coulisse pour rentrer en scène par l'autre. Et avec un
sérieux imperturbable, un ambassadeur du Céleste Empire, envoyé spécialement
pour assister à cette mirifique prise d'armes, ne cessait de couver de ses yeux
fatalistes les mouvements de ce fantassin bizarre. Le Chinois n'était autre que

Sam. Verveer qui s'était fait, d'une natte à figues, la plus pittoresque coiffure de mandarin qu'on pût imaginer.

Avec quel entrain les „membres actifs" de *Pulchri* préparaient ces soirées étourdissantes ou pathétiques ! Jean Stortenbeker, à cette époque président de ces réunions cordiales, peignait les décors, les „fonds" des tableaux vivants avec une virtuosité surprenante. Rappelons-nous ce qu'il fit pour la „*Mort du Duc de Guise*". Carl Sierig était *l'omnis homo* qui, comme Guzman, ne connaissait par d'obstacles, et tranchait toutes les difficultés. Un même soir Becker, l'humoriste intarissable, joua le rôle d'un grand d'Espagne et celui d'un veilleur de nuit, et tous deux avec un égal souci de vérité et d'observation. La collaboration littéraire n'était pas moins remarquable grâce à des personnalités du talent de Jan ten Brink, Johan Gram, Jan Crans et Simon van den Berg. Et, pour accompagner le spectacle, on était même arrivé à former

Près des mares de Mijdrecht, d'après une aquarelle appartenant
à MM. Boussod, Valadon et Cie.

un orchestre, recruté parmi les membres, et pouvant le disputer aux meilleurs corps symphoniques de la résidence. Et dire que les frais de soirées si artistiques s'élevaient à peine à une vingtaine de florins !

Tandis que Pierre Stortenbeker répétait un des rôles du *Duc de Guise*, son frère Jean brossait le portique d'une salle du Louvre, avec un extrême souci du style et de l'éclairage du tableau original. Au plus fort du coup de feu on s'apercevait qu'on possédait bien un casque, mais un casque sans visière. „Qu'à cela ne tienne!" s'écriait Sierig, et, un quart d'heure après, le casque était muni de la visière requise. Digne Sierig, c'était comme s'il avait eu cette visière dans son porte-monnaie. Mais non! Le porte-monnaie était généralement vide. Sierig avait trouvé cet accessoire dans sa caboche, mieux fournie que sa bourse!

Et quant aux jeunes de la bande aussi industrieuse qu'artistique, Blommers, Willem Maris, Louis Apol, Jan Vrolijk, Du Chattel, Offermans, à ceux qui poursuivirent les brillantes traditions de *Pulchri*, ils avaient eu d'excellents maîtres en leurs aînés.

L'âge d'or de *Pulchri* doit beaucoup à Pierre Stortenbeker qui fut le président de la société, de 1881 à 84. La façon originale dont Stortenbeker intro-

Bétail dans la prairie, d'après une aquarelle appartenant à MM. Boussod, Valadon et Cie.

duisit son ami Weissenbruch (le joyeux Weiss) dans la confrérie artistique d'Amsterdam fournit une frappante caractéristique de l'esprit jovial qui régnait parmi les peintres de ce temps. Bosboom avait obtenu un grand succès avec un portefeuille de dessins à l'exposition d'*Arti et Amicitiæ*. Stortenbeker eut même beaucoup de peine à décider son ami Weiss à tenter à son tour la chance dans ce Cercle encore vibrant du triomphe de leur confrère, mais l'épreuve tourna à la satisfaction de Weissenbruch. Ses aquarelles exposées d'abord à Amsterdam puis à la Haye y soulevèrent l'admiration de tous les connaisseurs et valurent au peintre les félicitations unanimes de ses confrères. Or, Stortenbeker n'avait rien trouvé de mieux pour présenter son ami à la phalange des peintres d'Amsterdam que de leur envoyer une épitre ou boniment en vers funambulesques, dont cette traduction, en prose assonante, ne rend qu'imparfaitement le ragoût et la cocasserie:

„Dans la prairie"
D'APRÈS UN TABLEAU.

„Hâtez vous d'accourir en rangs serrés, affluez, honorables amateurs d'art d'Amsterdam! Car jamais vous n'aurez vu chose aussi mirifique avant que Weiss vous ait visité avec son portefeuille! Ce n'a pas été sans peine qu'un de ses plus éminents contemporains (Bosboom) a pu le déterminer à faire cette exposition. Il a fallu aussi que l'auteur même de cette épître fît auprès de lui démarche sur démarche. „Voyons, Weiss, lui disait-on; courage mon garçon; la chose ne peut tourner qu'à ta complète satisfaction!" Et il en va comme nous l'avions prédit; et son exposition augmente chaque jour son crédit! Allez y voir plutôt vous autres les retardataires. Entrez aux *Arti et Amicitiæ* et dites-nous si ces moulins que peint Jean Henri Weissenbruch ne répandent point la fraîcheur par les mouvements de leurs ailes. N'aurait-on point envie d'aller rêver au bord de ces mares bordées de joncs et d'oseraies! Admirez ces soleils couchants, panoramas petits et grands, ces bruyères austères; ces canaux brumeux, ces bateaux savoureux, et ces saules pleureurs, et ces ciels de toutes couleurs! Et ces pâturages peuplés d'un bétail en nage qui vous regarde avec tant de plaisir qu'on jurerait qu'il va mugir! Tantôt c'est une averse désaltérant la terre aride; et tantôt le soleil sèchant la campagne humide! Mais nulle part vous ne verrez un vandale en train d'émonder les arbres!

En train de traire, dessin d'après nature.

Il a horreur des mauvais jardiniers autant que des iconoclastes! Si d'aventure il se résigne à peindre la figure, ce sera quelque chasseur, quelque batteur de tambour, quelque pauvre débardeur charriant sa charge de bois, ou encore un rustre avec sa faux, ou d'autres humbles comme vous ou moi. Mais inutile de poursuivre, car en toute assurance je me risque à proclamer son triomphe d'avance."

Ce boniment qui était soi-disant adressé aux amateurs d'Amsterdam fit fureur dans les cercles de peintres.

* *
*

Vlonder, d'après un pastel.

Stortenbeker a passé la plus grande partie de sa vie dans la bruyère ou dans les prairies ensoleillées. Indifférent aux privations, faisant fi de tout confort, il s'est voué corps et âme au culte de la nature agreste et rude; aimant à étreindre sa puissante maîtresse et à la suivre dans ses moindres mouvements. Pour me servir d'une expression suggestive, son œuvre sent bon la sueur même de la glèbe élue. Il ne s'est pas borné à se faire bien voir de la gent beuglante et mugissante, mais il s'est acquis la sympathie de la race plus farouche des paysans. Ils n'avaient rien à refuser à ce charmeur qui „pour-traicturait" leurs bêtes à cornes avec une telle ressemblance. Son ardeur au travail, son labeur continuel arracha un jour ce cri du cœur à une paysanne:

Paysage hollandais avec bétail, d'après un tableau à l'huile.

„Ah! si nos garçons de ferme avaient autant de courage que ce monsieur!"

Les paysagistes lui doivent la découverte de la plupart des sites devant lesquels les débutants vont encore planter leurs chevalets. Avec Bakhuysen et „Weiss" le jovial, il vécut plus d'une saison à Noorden, dans cette contrée délicieusement aquatique, où Roelofs et Gabriel ont surpris leurs plus prestigieux effets de lumière dorée. Que de soirées passées sous les tilleuls à la porte de l'auberge du village, cette auberge si patriarcale et si néerlandaise en dépit de sa prétentieuse et cosmopolite enseigne: *Hôtel de l'Europe!* Je me souviens, notamment, avec un charme plein de mélancolie, de ces veillées d'été où la jeunesse du village venait donner aux „messieurs" de l'hôtel de langoureuses ou pimpantes sérénades. Oh! ces voix un peu rauques mais si franches, dans la nuit parfumée et mystérieuse! Et avec quelle gratitude les „messieurs" organisaient une collecte au profit des petits chanteurs !

Quelque temps aussi la colonie des broyeurs de couleurs transporta ses pénates dans la ferme de l'„oncle Nelis", cultivateur notable établi non loin de la digue de Leide, un paysan épris de peinture et enchanté de mettre sa riante demeure à la disposition des disciples de Saint Luc. Cette retraite avait été découverte par Stortenbeker qui y passa en 1869 une pleine saison avec sa femme, aussitôt après leur mariage. Là se rendirent aussi, par la suite, les élèves du maître Jan Vrolijk, Ed. van der Meer et Louis Apol, avec leurs amis Du Chattel, Klinkenberg et Otterbeek L'oncle Nelis qu'ils initiaient aux secrets de la peinture les stupéfia plus d'une fois par l'imprévu et le piment de ses appréciations esthétiques !

Si l'on veut se rendre compte de la place que Stortenbeker occupe dans le monde artistique, il convient d'interroger ses disciples et même les

Laitière de Gooi, d'après un pastel.

tout derniers venus qui vont souvent lui demander conseil. Ils le tiennent tous pour un des artistes les plus personnels de cette seconde moitié du

XIXe siècle. C'est d'ailleurs ce que ses contemporains reconnaissent avec
empressement. 1)

De profonds soucis domestiques le retiennent actuellement dans son foyer et
son atelier: mais, malgré ces préocupations, le bon soleil de sa jeunesse continue à réchauffer la noble maison patrimoniale — le radieux soleil qu'il
s'entend comme pas un à fixer sur ses toiles!

Vache à l'abreuvoir, d'après un pastel.

1) Les distinctions suivantes lui ont été conférées: Médaille d'argent à l'exposition de la Haye en 1857; —
médaille d'or, idem en 1861; — chevalier de l'ordre de la Couronne de Chêne en 1861, — commissaire pour les
Pays-Bas et membre du jury des Beaux Arts à l'exposition universelle de Paris, 1878, — chevalier de la Légion
d'Honneur, — ancien correspondant de la société *Arti et Amicitiæ* d'Amsterdam, — membre de la *Société royale
belge des Aquarellistes;* — correspondant du *Cercle artistique et littéraire* d'Anvers, — membre d'honneur de *Pictura*
à Dordt, — idem de „Kunst zij ons Doel" de Haarlem. — idem de „Kunstliefde" d'Utrecht, — id. de l'académie
des Arts Plastiques de Rotterdam, — membre de la commission administrative de l'exposition triennale des Beaux-
Arts à la Haye 1875 — 81 — 84, — membre de l'Académie Royale d'Amsterdam et, de 1881 à 84, président du
cercle de peintres *Pulchri Studio.*

CHRISTOFFEL BISSCHOP.

PAR

MME. VAN WESTRHEENE.

Pauvre et pourtant riche, d'après une aquarelle de la collection de S. M. la Reine des Pays-Bas.

CHRISTOFFEL BISSCHOP.

L e peintre Bisschop, le coloriste néerlandais par excellence, est une personnalité bien intéressante pour la plume du critique ; car Bisschop est ce qu'on peut appeler un enfant du bonheur et — il le reconnaît lui-même.

Jamais les tempêtes du sort ne lui ont fait fléchir la tête ; il a vu se réaliser ses vœux les plus chers ; il a pu vivre pour son art ; il a épousé une femme d'élite, artiste comme lui, qui le comprend et qui lui porte un véritable culte ; enfin il habite une des plus adorables contrées de la terre et il s'est créé dans une villa aux dehors séduisants, un intérieur dont les moindres objets représentent une caresse pour ses regards. Que l'on se trouve avec lui et sa femme dans le salon d'apparat ou qu'on les accompagne dans leur atelier, on peut se croire transporté au cœur du XVIIᴱ siècle, le siècle par excellence du bon ton et de l'étiquette.

Un coin de l'atelier de Mme. Bisschop, avec le portrait de Bisschop
par le prince de Wied.

Bisschop a un peu dépassé la mâturité, toutefois il est demeuré jeune de cœur. On peut lui appliquer ce dicton: „il ne vieillit pas, il dure." L'œil est clair, la démarche ferme et alerte; l'homme, svelte et blond, grisonne à peine. Et s'il a le front découronné, le blond de sa longue chevelure et de sa barbe

en pointe est si pâle qu'il en est presque blanc. Lorsqu'il était jeune, Bisschop
paraissait même trop blanc; à présent, pour un vieillard, il semble trop blond.

Bisschop possède une de ces physionomies qui arrêtent l'attention et ne
peuvent passer inaperçues. Aucun trait n'en est banal. Qu'on le rencontre dans
la foule d'un salon ou par les chemins déserts, chacun se posera cette question :
„Qui cela peut-il bien être?"

Et c'est qu'il présente ce cachet, cette mine à part, depuis son enfance.

Un coin de la salle à manger.

Physionomistes et dessinateurs se sentaient attirés par le „galbe" de ce gar-
çonnet et s'amusaient à en prendre un croquis.

Christoffel Bisschop, qu'on appelait familièrement „Chris" chez ses parents
et à qui ses amis continuent à donner ce petit nom, est un Frison d'origine.
Ses parents étaient des bourgeois aisés de Leeuwarden. Il était le quatrième
de huit enfants qui, presque tous, sont morts jeunes. Son père, un négociant,
voulait que Chris, qui lui paraissait être un enfant extraordinaire, devînt un
savant. On le mit donc aux études. Le jeune Bisschop passa facilement
de l'école primaire aux classes d'humanité. Mais là s'arrêta son beau zèle.

Il cessa de répondre à ce que son père attendait de lui. Rien ne lui tenait autant à cœur que le dessin. Tout enfant, ses petits doigts s'évertuaient à manier le crayon.

— Je veux devenir peintre! telle était son invariable réponse à ceux qui l'interrogeaient sur sa vocation.

Devenir peintre! A cette époque et en un pays dont les habitants font à

La chambre ménagère.

peine la différence entre un artiste et un faiseur de tours et où le peintre n'est guère plus haut coté que ce paria: le comédien. Quoi! Le fils de Richard Bisschop aurait dérogé aux honnêtes traditions de sa famille! Pourquoi, alors la fille du respectable pasteur protestant ne se ferait-elle pas, du même coup, tragédienne?

Sans doute le père Bisschop se serait-il énergiquement opposé à la vocation

La Cène chez les anciens Mennonites à Hinlopen (Frise), d'après une aquarelle
appartenant à S. M. la Reine.

déraisonnable du jeune Chris, mais le bonhomme mourut prématurément, et la mère du petit, quoique élevée très simplement, se faisant une conception plus large et plus moderne des choses de la vie, n'était pas femme à contrarier sous ce rapport le gamin dans sa voie naturelle.

Mais l'enfant devait encore rencontrer de l'opposition chez son tuteur, le type du gros bourgeois de l'ancien régime, qui, à la seule évocation de la vie d'un peintre, se représentait des orgies, des saturnales perpétuelles, l'ivrognerie et la licence d'un Jan Steen.

Le gamin s'entêta. D'un ton ferme et décidé il déclara qu'il deviendrait un artiste sans tomber dans la débauche, et qu'il se choisirait plus tard une femme possédant toutes les vertus domestiques de sa sainte mère.

L'oncle finit par céder, surtout que maman Bisschop se prononça, en dernier ressort, en faveur du petit. Les mères ne sont-elles pas douées de seconde vue? Celle-ci avait foi en l'avenir de son fils. L'expérience lui donna raison.

La bonne étoile de Chris l'amena à Delft, dans l'atelier du peintre Schmidt dont la renommée — on était alors en 1846 — avait atteint son apogée. Combien le cœur du jeune homme de dix-sept ans lui battit en songeant que l'homme célébré et fêté tant dans son pays qu'à l'étranger, l'homme dont les chefs-d'œuvre se vendaient des milliers de florins, allait devenir son professeur, à lui Chris Bisschop, le petit Frison!

Quant à Schmidt il ne se doutait pas sans doute que sa propre gloire serait éclipsée par celle qui attendait ce jeune rapin.

Ni le maître, ni l'élève ne prévoyaient que les tableaux du premier, cotés alors des milliers de florins, n'en vaudraient plus que quelques centaines peu d'années après, et que la renommée du second ferait oublier jusqu'au nom du peintre si longtemps à la mode et l'idole du jour!

Ce fut donc, très humble, très ému, que le petit Frison dépassa le seuil de l'atelier du grand homme.

D'ailleurs aucun des élèves de Schmidt à qui le jeune Bisschop fut présenté dans l'atelier — un atelier historique, aux parois encore décorées par les élèves de Miereveld — n'entretenait la moindre appréhension quant à la vogue éphémère de celui qu'ils considéraient presque comme un dieu.

Tous ces jeunes gens jouissaient de l'heure présente sans redouter l'avenir. Là se trouvaient van Franckenberg, dont la moindre œuvre devait, plus tard, rencontrer acheteur, ce qui faisait dire à ce peintre plus favorisé de la Fortune que de la Muse: „J'ai toujours eu plus de chance que de talent!" et aussi Van Westrheene, sérieusement épris de peinture, mais qui, ainsi que le disaient ses camarades, n'avait jamais trouvé la forme adéquate à son rêve, ce qui lui fit déposer les pinceaux pour prendre la plume. Tous deux devinrent et demeurèrent les amis de Bisschop. Chez Schmidt travaillait aussi Bombled que la nécessité força par la suite à s'exiler, d'abord à Anvers, ensuite à Paris, où il fait encore des dessins pour le *Monde Illustré:* marchés aux chevaux, courses, comices agricoles etc., etc. Là Bisschop trouva aussi de Sall, sur qui Schmidt fondait les plus grandes espérances, mais qui déserta la carrière, peu de temps après la mort du maître, — et, *last not least*, Spoel, le peintre timide, modeste et sage, qui se fit un nom comme portraitiste et qui mourut à Rotterdam, emporté dans la force du talent.

En étudiant le *Mariage* de Cats.

Bisschop était le plus jeune de la bande. Spoel s'était même déjà fixé à Rotterdam, d'où il revenait fréquemment pour demander conseil au maître.

Les académies tendent à tuer les ateliers où un groupe de jeunes gens en-

thousiastes et bien unis se formait sous les yeux paternels du maître. Est-ce
un bien? Est-ce un mal? Il y a sans doute autant de bien à dire pour l'un

Portrait de la mère de Bisschop.

que contre l'autre mode d'enseignement; et ... . réciproquement. Quoiqu'il en
soit, Bisschop ne se plaignit jamais de l'enseignement de Schmidt.

Il passa même à Delft des années heureuses, voire idéales. Schmidt avait le bon esprit de ne pas tenir ses élèves claustrés dans son atelier. Il les encourageait même à visiter le plus possible d'endroits curieux ou de contrées pittoresques. Ainsi Bisschop se rendit plusieurs fois à Dongen, le plus primitif de tous ces villages, primitifs entre tous, du Brabant, borné par les dunes, les bois et la bruyère. La cordiale villégiature! Nos jeunes gens s'y retrouvaient avec Schmidt, la famille et les amis de celui-ci. Quelle vie libre et joyeuse! Il leur arriva de loger plus de trente à l'auberge, et de devoir passer la nuit sur le foin, dans la grange.

Bisschop et ses camarades y travaillaient beaucoup — mais ne s'y amusaient pas moins. Comment pouvait-il en être autrement! Ils étaient jeunes et débordants de vie! Ils ne reculaient devant aucune extravagance, pourvu que celle-ci eût un côté chevaleresque et anti-philistin. Ainsi il leur arriva un soir de louer un orgue de Barbarie, et de se rendre, après une journée de travail et d'étude, de cabaret en cabaret, de ferme en ferme, chantant aux sons de la musique fêlée, improvisant même de rustiques sauteries, et, au retour, remettant, avec l'orgue, la recette intégrale au musicien ambulant. Quels jours sains et ragoûtants passés parmi ces rustres et ces fraîches villageoises!

Non seulement on travaillait et on se récréait à Dongen, mais on y faisait aussi le commerce! A un prix dérisoire les rapins faisaient l'acquisition, pour eux ou pour leurs amis, d'admirables antiquités. C'est de Dongen que proviennent les armoires de vieux chêne sculpté et les lustres en cuivre ornant les ateliers de Bisschop et de ses amis.

Cet heureux „temps" de Delft, agrémenté de villégiatures de ce charme, ne dura que trois ans! Schmidt mourut subitement, en 1849, dans toute la force de l'âge. Sa renommée ne lui survécut pas. Peut-être la floraison en avait-elle été trop copieuse. Après une vie aisée et „en vue," la veuve du peintre et ses huit enfants connurent des temps douloureux. La pauvre femme avait perdu l'astre et le foyer de son existence. C'était une personne distinguée et délicate qui dut ressentir profondément l'aiguillon de ces vicissitudes. Depuis longtemps elle repose pour l'éternité; six de ses enfants l'avaient précédée dans la tombe.

Schmidt mort, ses élèves se dispersèrent. Bisschop fréquenta quelque temps encore l'atelier de Huib Van Hove à la Haye, et, le soir, les cours de l'Académie de dessin. Mais il avait hâte d'embrasser de plus vastes horizons et d'art et de vie. Aussi décida-t-il d'accompagner à Paris le peintre français Le Comte qui avait séjourné quelque temps en Hollande. Les premiers temps, Chris travailla sous la direction de Le Comte, mais plus tard, avec quelques débutants de son âge, il loua un atelier où le peintre Gleyre venait leur donner des conseils et des indications.

— Vous êtes Flamand ou Hollandais! dit ce maître à notre Frison, la première fois qu'il le vit à la besogne. Point ne sera besoin, ajouta Gleyre, de vous apprendre à peindre.

„Ce don vous est inné à vous et aux vôtres. C'est d'instinct que vous mélangez les couleurs et que vous les transportez sur la toile."

Gleyre se borna donc à lui apprendre le *dessin*; pour la *peinture* même le Hollandais n'aurait été tributaire d'aucun peintre latin.

En l'an 1855 Bisschop retourna à La Haye et se fixa avec sa mère, dans la rue Boekhorst. Son „intérieur" ne tarda pas à être marqué au cachet de sa personnalité. Les trésors qu'il avait rapportés de Frise, de Brabant et d'ailleurs firent de son habitation un vrai sanctuaire d'artiste.

Il lui tardait de mettre en pratique tout ce qu'il avait appris par l'étude,

Le Seigneur nous l'avait donné...., d'après un tableau de la
collection Van Eeghen d'Amsterdam.

l'observation et les voyages. Il savait quelle direction donner à son art; il se sentait une véritable puissance créatrice; il transportait des prestiges de couleur de la palette sur sa toile et pourtant — il n'était point complet.

— Cela ne va pas, petite mère! disait-il à Madame Bisschop qu'il continuait à traiter avec la tendre et câline familiarité de ses années d'enfance et qui demeurait sa confidente intime et même exclusive.

La bonne dame n'aurait pas demandé mieux que de venir en aide à son

„*Le soleil au foyer et dans le cœur*"
D'APRÈS UN TABLEAU
de la Pinacothèque.

A SUPPRIMER

cher Chris. Mais comment? Tout ce qu'elle pouvait faire, c'était de prévenir ses désirs dans la mesure de ses moyens; de deviner ce qui lui ferait plaisir, ce qui l'encouragerait et lui remettrait le moral.

C'était beaucoup déjà. Un jour même elle devina presque ce qu'il lui fallait.

— Ne voudrais-tu pas retourner à Paris?

Quelle perspective séduisante! La bonne dame brûlait. En effet Bisschop éprouvait le besoin de se déplacer. Toutefois il n'avait aucune envie de s'assimiler la „manière" française; celle-ci étant incompatible avec ce qu'il rêvait de réaliser. Un autre chemin l'attirait. En conséquence il ne se rendit pas dans la capitale universelle, mais partit pour... Hinlopen!

Hinlopen! La vieille petite cité frisonne! Il comptait imprégner son art de tout ce qu'elle dégage de piété et de pittoresque.

Oui, c'était bien là ce qu'il lui fallait.

A présent, quand il rentrait à la Haye:

— J'ai trouvé! disait-il à sa digne maman. Conscient de sa force, soutenu par la conviction, la volonté et l'enthousiasme, il devait fatalement réussir. Une série de tableaux, autant de merveilles de coloris et de composition, se succédèrent:

Matinée de dimanche (couvert d'or en 1860 à Amsterdam).

Le Seigneur nous l'avait donné, le Seigneur nous l'a repris; que Son Saint Nom soit béni! (1862 appartient aujourd'hui au prince Albert de Prusse).

Hiver en Frise (1867 au musée de l'Etat).

La Cène chez les anciens Mennonites à Hinlopen (1880. Acquis par le prince Alexandre, appartient aujourd'hui à la jeune Reine).

Le petit coin ensoleillé (1882. A Londres).

La revue mensuelle *Elsevier* a donné des reproductions de tous ces tableaux ainsi que de l'„intérieur" où ils ont été conçus et créés. Ces reproductions sont parfaites dans leur genre. Toutefois il est impossible de rendre le coloris intense et splendide du tableau, et il faut que le regardant supplée par l'imagination à l'inévitable infériorité, sous ce rapport, des dites reproductions.

Impossible d'analyser ou même d'énumérer, en une aussi courte notice que celle-ci, toutes les œuvres dues aux pinceaux de Bisschop. Ainsi, il y avait encore le portrait de sa mère: un admirable type de dame frisonne de la classe patricienne. La tête, coiffée de dentelles et de ces bijoux massifs si particuliers, rappelait, au dire des connaisseurs, les meilleurs portraits de Rembrandt. Elle fut jugée digne de la médaille d'or.

L'Hiver en Frise, d'après un tableau du musée de l'Etat à Amsterdam.

Au premier rang des admirateurs dont s'enorgueillissait à bon droit le maître peintre, figurait la reine Sophie, première épouse de Guillaume III.

C'était même plus que de l'admiration de connaisseur à artiste, que l'auguste princesse éprouvait pour le peintre et, par la suite, pour sa femme.

L'attention et la sympathie de la reine pour Bisschop avaient été sollicitées dès le premier tableau qu'il exposa à son retour de Paris. Elle témoigna le désir de connaître l'artiste et se le fit présenter. La reine Sophie se plaisait dans le commerce de personnalités excellant dans l'une ou l'autre branche de l'Art. Elle était une habituée assidue des concerts du mercredi de la société *Diligentia*. Elle ne manquait aucune des expositions organisées par *Pulchri Studio*. Les Expositions, à cette époque, ne ressemblaient guère à celles d'aujourd'hui. Les tableaux n'étaient pas étalés à la cimaise tout le long des parois. On n'en prenait point connaissance d'un œil hâtif ou distrait, en flânant, en bavardant, en s'asseyant sur le velours des divans et des causeuses. Non, on prenait place, pour toute la soirée, devant des tables longues, inclinées des deux côtés comme un pupitre de classe. Des lampes à abat-jour verts, suspendues au plafond, éclairaient en plein les aquarelles disposées sur ces pupitres. Là s'attablaient, en deux longues enfilades, les organisateurs de l'Exposition, les membres de la société, les exposants et leurs invités. Le haut bout de la table était occupé par la Reine et sa suite. Auprès d'Elle étaient le duc de Saxe Weimar et sa fille Anne; le prince et la princesse Henri des Pays-Bas.

Les commissaires de la Société, Bisschop et son ami Stortenbeker, mettaient une par une, les aquarelles sous les yeux de la Reine. Elle émettait son avis avec une modestie et un tact toujours remarqués, et s'empressait de recueillir l'appréciation des personnalités „compétentes" qui l'entouraient. Les aquarelles allaient de la Reine aux autres princes, puis aux personnages de leur suite, et de là, le long des tables, aux autres visiteurs et curieux.

Ces soirs d'intellectualité étaient un régal pour la reine Sophie. Entourée de l'élite du pays, elle se trouvait dans son élément, dans son atmosphère de dilection. Ainsi, en promenant ses regards ravis sur ce monde compréhensif et vibrant, il lui arriva de s'écrier avec une joie naïve:

— La curieuse République que nous formons ainsi, n'est-ce pas?

Le souvenir de la noble souveraine qui le distingua toujours entre tous, est demeuré filialement cher à Bisschop.

A l'époque où il avait émigré avec sa mère au Boomsluiterwater, la Reine le visitait constamment pour s'assurer par ses yeux de l'achèvement progressif des toiles dressées sur les chevalets, et aussi pour admirer les œuvres d'art et antiquités dont la collection s'enrichissait de jour en jour. Parfois elle venait seule, mais souvent aussi elle amenait avec elle ses hôtes de distinction et les officiers et dames de sa maison. Et ce n'était pas un mince sujet d'ahurissement pour les humbles voisins du peintre, toutes petites gens, que de voir cette Reine et sa suite brillante, traverser l'étroite passerelle conduisant à la maison du peintre.

Le coin ensoleillé, d'après un dessin de la collection Drucker à Londres.

Si Bisschop et sa femme témoignaient à leur auguste visiteuse le regret de ne pouvoir lui rendre plus facile l'accès de leur maison située entre un vaste jardin et un canal, la reine leur fermait la bouche en leur disant:

— Pourquoi ne passerais-je pas où vous passez bien, vous autres? Gardez-vous de déménager si longtemps que je serai en vie!

Ah! la Reine Sophie n'était pas de celles qui ont besoin de se cramponner à leur majesté; cette majesté faisait partie intègre et naturelle de sa personne.

En 1862 les membres des „soirées d'exposition," qui se connaissaient presque tous, au moins de vue, virent s'asseoir à une des longues tables une personne inconnue de la plupart d'entre eux. C'était Kate Swift, une jeune dame anglaise, qui avait cultivé les arts comme d'autres membres de sa famille en Angleterre, et qui était venue en Hollande avec sa grand-mère et sa sœur pour y étudier l'art néerlandais dans les œuvres anciennes et modernes. Kate et sa sœur avaient obtenu de faire ce voyage à la condition formelle qu'elles éviteraient de faire la connaissance de n'importe quel peintre.

Ainsi en avait décidé leur mère. Il était interdit à Kate de prendre des leçons de tout peintre, celui-ci fût-il célibataire ou marié, jeune ou vieux. *It would have been shoking indeed!*

Mais dès la première Exposition Triennale qu'elle visita à la Haye, miss Swift ayant avisé un petit tableau de Bisschop, fut à tel point conquise par le „faire" et le „ragoût" de cette peinture qu'elle en oublia d'emblée la défense rigoureuse de sa mère et qu'elle déclara:

— Il faut que l'auteur de ce morceau devienne mon maître!

Marié ou garçon, vieux ou jeune, cela lui était égal. Elle fut bien servie par l'intuition en cette occurence, car, quelques jours plus tard, voyant entrer dans le „Mauritshuis," où elle était en train d'exécuter des copies, Alma Tadema, Bisschop et Stortenbeker, dont elle n'avait vu aucun des trois jusqu'à présent, elle s'écria sans hésitation:

— Celui du milieu doit être l'auteur du petit tableau de l'Exposition.

Les présentations eurent lieu. On lia connaissance, et, après quelques prélimi-naires, Kate Swift fit savoir à Bisschop, avec une franchise toute britannique, ce qu'elle attendait de lui.

Bisschop avait pris pour règle de conduite de ne pas donner de leçons; il estimait que „professer" empiéterait sur sa production artistique; en conséquence il refusa.

Déception profonde de la jeune Anglaise. Mais s'il est avec le ciel des accommodements, il en est à plus forte raison avec les élus du ciel de l'art. Kate demandait si peu de chose: un rien, un conseil, un coup d'œil jeté sur ses essais, une retouche en un simple trait. Bisschop était trop galant pour demeurer intraitable. Il consentit donc à jeter de temps en temps le regard du maître sur les tâtonnements de la gentille solliciteuse. Mais ce serait à titre purement gracieux; il repoussait tous honoraires, ne voulant point ériger un précédent. En effet ce ne fut pas un précédent, mais une chose définitive, unique. Le peintre initia non seulement Miss Kate à une partie de son art, mais il lui voua, en même temps. son âme et sa vie. Toutefois les choses n'allèrent pas si loin dès le début!

La grand'mère des deux jeunes filles avait eu tous ses apaisements lorsqu'à

Les Nouveaux Patins, d'après un tableau de la collection de M. P. F. Thomsen de Rotterdam.

leur première visite à l'atelier de Bisschop elles furent reçues par une vénérable dame Frisonne, la mère du peintre. Celle-ci était une garantie pour la réputation de Kate et de sa sœur.

Kate Swift avait loué un atelier, une „coupole" comme on dit là bas, dans les environs du chemin de Bezuidenhout. C'est là que Bisschop vint de temps en temps retoucher ses essais. Ces dames avaient pris leur pension dans la maison dite „avec les colonnes" en face du palais du prince Frédéric; elles y passèrent une année entière et retournèrent ensuite en Angleterre. Mais l'amitié nouée entre l'élève et le maître ne se dissipa point avec l'absence. Bisschop et Miss Swift ne se perdirent point de vue, et tandis qu'il créait chef-d'œuvre sur chef-d'œuvre, elle demeurait fidèle à l'art — surtout à l'art de Bisschop.

Ce n'est pas que le départ de la jeune Anglaise n'eût causé d'abord quelque dépression et quelque vide dans la vie du peintre, mais n'avait-il point pour le consoler et le tenir en haleine, sa belle ardeur créatrice, son inspiration féconde, l'affection fidèle de sa mère et la protection non moins constante de la reine Sophie. Au nombre de ses productions les plus admirées à cette époque, appartient le portrait de Motley, l'historien de la *Révolution des Pays-Bas*, l'hôte de la Reine, qui désirait posséder l'image de l'illustre américain.
Ce portrait orne depuis des années un des salons du château royal connu sous le nom de *Huis ten Bosch.*

En 1866 Bisschop éprouva le premier profond chagrin de sa vie, après n'avoir connu jusqu'à présent que des années radieuses et sereines : il perdit sa mère et ce lui fut un coup terrible ! Il avait été aussi bon fils qu'elle s'était montrée mère irréprochable, aussi fut-ce un morceau de son propre cœur qu'il descendit dans la fosse fatale.

Après les premières semaines de deuil et de souvenirs accablants, Bisschop se remit au travail; toutefois, ce travail ne lui paraissait plus si léger et si spontané et il vérifiait de plus en plus la vérité de la parole biblique : il n'est pas bon que l'homme soit seul. Sa correspondance avec Kate Swift devint plus régulière et plus suivie, jusqu'à ce qu'il lui fût permis enfin, en 1869, d'aller la chercher en Angleterre et de la ramener comme sa femme dans sa maison du Boomsluiterswater.

Voilà, vingt-huit ans que Bisschop et sa femme ont vécu, travaillé et connu le bonheur ensemble.

Ils connaissent ce privilège qui échoit parfois à des savants et à des littérateurs, mais plus souvent aux peintres et aux musiciens : la société et l'amitié des grands de ce monde. La reine Sophie leur demeura fidèle toute sa vie, et aujourd'hui, à la fin d'un hiver de travail, quand Bisschop et sa femme éprouvent le besoin de se distraire et de se reposer dans la contemplation d'une nature plus somptueuse que celle des Pays-Bas, ils sont les hôtes bienvoulus des princes chez qui les introduisit feu leur auguste amie : ainsi, ils firent plus d'un séjour chez le duc de Saxe-Weimar dans la romantique Thuringe et ils se trouvaient „comme chez eux" dans cette si légendaire Wartburg des „minnesaenger" où leurs compatriotes moins fortunés étaient admis, un moment, et moyennant un pourboire congru, au concierge, à visiter la chambre de Luther, vous savez celle où se voyait la tache d'encre, effacée aujourd'hui, que fit sur le mur l'encrier jeté, par le Réformateur, à la tête du Diable.

Bisschop et sa femme se sentent principalement attirés par le prince et la princesse de Wied et leurs enfants. Mme Bisschop est même une grande favorite de ceux-ci. Nos deux peintres sont, chaque été, les commensaux des princes à Neuwied. C'est là que Kate Bisschop a donné leurs premières leçons de dessin aux enfants princiers. Personne ne s'entend comme les Bisschop à se rendre indispensables, et, quand le château est bondé d'invités, à organiser des divertissements intellectuels: tableaux vivants, comédies de société, charades, Mainte saison la reine de Roumanie, Carmen Sylva, l'auguste femme de lettres, prêta aussi le concours de ses talents à ces soirées de haut goût, et la petite Vacaresco, dissimulant à peine son ambition précoce, s'y exerçait déjà à cet art de l'intrigue qu'elle devait pousser si loin.

Grâce à ce commerce continuel avec les têtes couronnées et à leur longue habitude de la vie des cours, Bisschop et sa femme sont des artistes à part dans le monde des artistes. Peut-être même se sentent-ils souvent mieux à leur place parmi les grands noms du Gotha que parmi ceux des catalogues d'Expositions.

Mais on aurait tort de leur attribuer cette courtisanerie que l'on reprocha à quelques artistes du second Empire, à Prosper Mérimée entr'autres. Ils gardent leurs distances, mais aussi leur rang. Ils rendent à César ce qui appartient à César: voilà tout.

Après la mort de la reine Sophie, Bisschop n'avait plus reparu à la cour de Hollande, et cela ni à la Haye ni au château du Loo. Dans le courant de l'été dernier, il fut invité par la petite reine à venir la peindre vêtue de ce costume d'Amalia van Solms dans lequel feu le roi se plaisait à voir sa fillette paraître à sa table. La jeune reine voulait faire à sa mère la surprise de ce portrait pour sa fête anniversaire.

La Reine Régente fut enchantée de ce portrait et témoigna aussi sa satisfaction à l'artiste qui est redevenu depuis un des familiers de la Cour, où il a ses grandes et petites entrées. Sans doute en parcourant les salons peuplés de courtisans et de dignitaires chamarrés, il se reporte souvent en arrière, et compare-t-il la reine Sophie à la reine Emma. Toutes deux, différentes, répondirent admirablement à leur rôle et à leur mission. La reine Sophie se dérobait autant que possible à la vie d'apparat et de fêtes ultramondaines et politiques, pour s'entourer, comme la princesse Mathilde à Saint-Gratien, de lettrés, de savants et d'artistes. Si la reine Emma ne se consacre point si exclusivement aux occupations artistiques, ce n'est point qu'elle n'en éprouve le goût et l'envie, mais c'est parce que ses devoirs de *mère* et de *régente* sont d'une nature plus absorbante et plus grave. Il n'y a plus de roi, et c'est elle qui règne pour sa fille, une enfant, la *reine* future. Or, il lui faut préparer cette reine pour son peuple fidèle. Et l'amour, le respect, la ferveur que témoignent à la noble femme les Pays-Bas reconnaissants, lui prouvent combien elle s'est montrée à la hauteur de ce grave et même périlleux devoir. „Sans doute, doit se dire Bisschop, en méditant sur ces questions préoccupant tout bon Néerlandais, la reine Sophie s'était attirée la sympathie et l'admiration de l'élite de son peuple, mais la reine Emma a gagné tous les cœurs de son royaume par la sollicitude, les soins, le tact et la prévoyance qu'elle apporte dans l'éducation de sa fille destinée à ceindre dans quelques années la couronne et à tenir le sceptre."

Quoi qu'il en soit des réflexions que se fait Bisschop en foulant les parquets des salons royaux, il peut s'enorgueillir d'avoir été le peintre favori des deux reines, épouses du dernier Nassau de la branche aînée. Ce grand peintre aura vécu non seulement dans l'Art mais, jusqu'à un certain point, dans l'Histoire. Partout son mérite a été consacré par des distinctions officielles. S'il s'avisait de sortir toutes ses décorations, il aurait la poitrine aussi constellée que celle des chambellans et des généraux.

Il a la croix du Lion Néerlandais, la croix de commandeur de Saint-Michel de Bavière, l'ordre de Léopold de Belgique, le Faucon Blanc de Saxe Weimar, et cette croix, la plus chère à tout vrai Néerlandais, de la Couronne de Chêne.

Bisschop accorde une légitime importance à ces témoignages de l'admiration des chefs d'Etat et des gouvernements civilisés.

Il n'est pas moins sensible aux multiples distinctions qu'il décrocha, sous forme de grandes médailles, dans les Expositions internationales. Mais il doit, être fier surtout de savoir ses œuvres estimées et recherchées dans l'univers entier. Conformément au vœu de la reine Sophie, Bisschop a vécu jusqu'après la mort de sa protrectrice dans sa pittoresque maison du Boomsluiterswater.

Il ne l'a quittée qu'il y a neuf ans pour transporter ses pénates au Van Stolkweg, où il achève, avec sa femme, de couler des jours florissants et remplis de gloire, dans sa *Villa Frisia*.

Mme Bisschop, de quelques années plus jeune que son époux, est demeurée sa digne compagne, de cœur et d'intelligence. C'est une véritable cosmopolite; elle a vu beaucoup de pays et elle parle la plupart des langues européennes. En la voyant dans ses appartements au cachet souverainement aristocratique, on la prendrait pour une châtelaine de l'âge héroïque. Ils n'ont point d'enfants. Mais ils n'en sont pas moins heureux, tant l'accord de leurs êtres est parfait, indissoluble.

P. J. C. GABRIËL.

PAR

LOUIS DE HAES.

A Giethoorn, d'après une étude.

P. J. C. GABRIËL.

Jusqu'à ces derniers temps Gabriël était encore un inconnu pour le gros
public de son pays.

Il arrivait que d'aventure le visiteur s'arrêtât, sollicité, devant un petit panneau ensoleillé; de temps en temps aussi les journaux „taillaient" en passant
„une réclame", à un certain peintre Gabriël; mais les choses en restaient là.

On ne s'intéressait pas autrement à cet inconnu.

Les rares amateurs qui le connaissaient le tenaient plutôt pour un Belge que pour un Hollandais.

De fait la Belgique hospitalière avait fini par le considérer comme un des siens à cause de son séjour prolongé dans ce pays. Cette circonstance contribuait a entretenir les doutes au sujet de sa véritable nationalité.

Il n'aurait pas fallu s'étonner si Gabriël, que ses relations de famille et sa résidence prolongée dans les Pays-Bas du Sud devaient pousser à cette détermination — s'était fait naturaliser Belge pour de bon.

Par un concours de circonstances imprévues, il revint habiter la Hollande, il y a environ huit ans, et par là tout doute sur son origine fut définitivement levé.

Pour quiconque possède l'enviable privilège de compter parmi ses intimes, c'est un véritable plaisir que de lui faire visite dans sa maison du Kanaalweg, 113, à Scheveningue. On sort chaque fois de là avec la réconfortante sensation d'avoir passé quelques moments trop courts dans un foyer cordial et hospitalier. Sous ce rapport Gabriël est demeuré essentiellement Belge.

Le maitre du logis vous reçoit toujours, la calotte de velours brun sur la tête, accessoire de toilette aussi inséparable de sa personne que le tampon d'ouate qui lui préserve l'oreille contre les courants d'air.

Ce couvre-chef représente d'ailleurs un thermomètre de sa température morale.

S'il est en train de raconter une

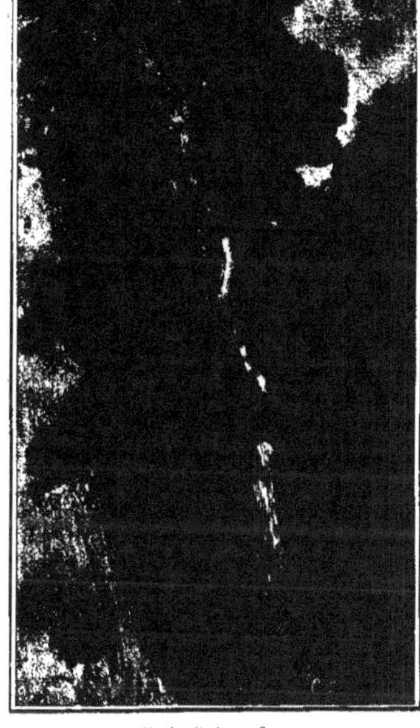

Étude d'arbre (1850).

de ces histoires joviales, qui lui arrachent à lui-même, un contagieux sourire, la calotte de velours a une tendance à glisser doucement vers le front, ramenée de ce côté par la main caressante du conteur; au contraire, si un vent désagréable s'est levé, si quelque contrariété a visité le maitre, s'il a dû se mettre en colère, la petite calotte ne cesse de se promener fébrilement du devant à l'arrière de la tête et vice-versa, par mouvements saccadés; enfin si l'humeur de Gabriël a retrouvé son calme et sa sérénité, la calotte aussi s'arrête et marque le „beau fixe".

Arrive-t-il au patron de chercher quelque chose, un mot, un trait, un bout

de papier, toujours la calotte est de la partie; elle tourne et bouge de droite
à gauche, elle se démène jusqu'à ce qu'elle ait trouvé le mot en question, ou
bien elle regarde tantôt par-dessus l'une oreille, tantôt par-dessus l'autre,
pour parvenir à dénicher ce bout de papier avec lequel elle semble jouer à
cache-cache.

On peut dire de Gabriël, au propre comme au figuré, qu'il a toujours la
tête près du bonnet, mais cela ne l'empêche pas d'être le plus loyal des
hommes, bien au contraire.

— Ah! c'est vous! montez donc. Vous savez le chemin. C'est gentil de
venir voir ce que je „tripote" en ce moment.

Pas grand! chose, comme vous le verrez, mais cela ne nous empêchera pas

Tourbières dans le Polder de Kamper, d'après une étude.

de jaboter un brin... Passez devant! Je vous rejoins à l'instant... Mais
ne vous cognez point à ce grand tableau qui encombre le corridor...

Nous poussons non sans précaution la porte de l'atelier et nous parvenons
à nous faufiler jusque devant un chevalet sur lequel s'étale un tableau de
dimension considérable.

L'atelier de Gabriël est bien le plus simple qu'on puisse imaginer. Aucune
recherche, aucune ostentation, rien pour „épater" le visiteur. Le milieu correspond à l'homme. Lui aussi se donne tel qu'il est, sans ornement, en toute
vérité.

— Et maintenant asseyez-vous. Mettez-vous à l'aise. Ou, si vous préférez fureter
dans mes cartons et fouiller dans les coins de ma boutique, libre à vous...

— Oui, je commencerai par jeter un coup d'œil, çà et là... Tiens... quelle
belle étude d'arbre!

— Celle-là! Elle n'est pas mal en effet... C'est même une de mes meilleures.... Elle date de ma première époque... Je n'en fais plus de pareilles... Voilà qui est peint, dites?... Et dire que mes professeurs en auguraient que je ne ferais rien de bon!... Si je les avais crus!

— Et quels étaient ces augures?

— N'en parlons pas... Ils sont morts et enterrés. C'était au temps où il ne fallait recourir à la nature que comme à la matière brute, à la chose informe qu'il s'agissait de polir, d'enjoliver, de poétiser au moyen de l'imagination et de la fantaisie...

— Répudiez-vous donc absolument la fantaisie?

— Si je la répudie! mais c'est une qualité morbide; elle mène tout douce-

Les rôtisseuses de pommes de terre, d'après une étude au pastel.

ment à la folie! Vous imaginerez-vous pouvoir peindre par imagination, sans connaître la nature? L'imagination! Mais elle ne sert aux mauvais peintres qu'à se faire illusion sur leurs défauts!

— Ainsi, vous n'étiez pas de ceux qui se montent le coup, et font de l'art dans le vague?

— Au moins étais-je certain d'une chose, que ce n'était point par l'imagination que j'apprendrais mon métier... J'étais alors à l'atelier de Koekkoek... une sorte d'université, où l'on formait des peintres... diplomés...

On m'y avait envoyé parce qu'il fallait bien devenir quelque chose... Je n'avais aucune disposition pour la menuiserie... Mon patron était le premier à en convenir, car je n'avais fait que gâter son bon bois...

Mais je ne suis pas resté longtemps à Clèves. J'avais vu du premier coup que je n'y étais pas à ma place. Aussi, un beau jour, je rassem-

La moisson, d'après un tableau.

blai mes hardes et je pris poliment congé de monsieur Koekkoek. Vous comprenez...

— Parfaitement. Je m'imagine fort bien la chose..

— Hé? Vous dites... Je n'ai pas bien entendu...

— Allez toujours...

— Mais encore... Je voudrais savoir ce que vous disiez à l'instant...

— Une remarque sans importance. Elle ne vaut pas la peine d'être répétée...

— Tout vaut la peine... Voyons, que disiez vous?

— Je disais que je m'imagine fort bien la chose.

Aux champs, d'après une esquisse au pastel.

— Quelle chose vous imaginez-vous?

— Mais votre départ de chez Koekkoek.

— Et c'est là tout?

— Oui.

— Une remarque assez oiseuse en somme...

— J'en conviens.

— Aussi, aurions-nous bien pu nous dispenser d'insister...

— C'est mon avis.

Que ne me le disiez-vous plus tôt...

Bref, je me rendis à Amsterdam où je tâtonnai un peu jusqu'à ce que, pour mon bonheur, je poussai jusqu'à Haarlem.

Là je logeai au *Chou Fleur*, marché aux Porcs, et je faisais des portraits et d'autres „machines" que je parvenais à vendre.

Mais cette vie ne m'allait encore que tout juste. Ce qu'il me fallait c'était le plein air. Aussi me décidai-je un jour à me rendre du côté du château de Bréderode pour y prendre quelques vues... Mauve était de la partie...

— Avez-vous encore quelque chose de cette époque?

— Presque rien... Deux ou trois croquis. Celui des ruines, entr'autres. Vous désirez le voir? Il doit être dans ce portefeuille.

Aidez-moi à y arriver, voulez-vous? Là... maudite poussière! En effet, ce sont bien les croquis de cette époque... Et voici les *ruines* en question...

Les ruines de Brederode, d'après un dessin.

Non, ce n'est pas encore ça. Voulez-vous voir? Vous avez le temps, n'est ce pas?

— Parbleu! Dussé-je même passer en revue tous vos dessins!

— Oui, mais dans ce cas vous pourriez faire chercher votre lit... Passez-moi cet autre portefeuille... C'est dans celui-ci que doit se trouver Bréderode... Non, ce n'est pas encore cela... Et ceci non plus... Tous souvenirs de Bruxelles .. Ces oiseaux ne sont pas mal non plus, hein?

— Amusants, en effet... Et vous les observiez tandis qu'ils volaient?

— Mais, oui. Ils planaient au-dessus de notre tête tandis que nous étions indolemment couchés au fond de la barquette. C'est le Brabant, tout ça... Et encore le Brabant... Pas ceci; ce croquis n'appartient pas à la série...

— Un beau dessin, sur ma parole. D'une époque postérieure sans doute?

— Oui, bien postérieure. Savez-vous quand je fis ce dessin?

— Il y a une dizaine d'années…

— Non. Un jour que j'avais trop bu…

— Franchement. C'est là une circonstance que je n'y découvre pas…

— Vous; c'est possible, mais moi, bien! Je m'en souviens même comme si c'était d'hier. J'étais rentré à l'auberge pour dîner, après toute une journée de travail. Par hasard des étrangers dînaient aussi, de sorte qu'on avait ajouté quelque plat au menu et qu'on se mit, de notre côté, à boire plus que de coutume. A ce jeu je me donnai un joli plumet. Au lieu d'aller me coucher, je prétendis sortir pour me remettre au travail. Il faisait clair encore. On a raconté que dans ma course j'avais renversé une vache. Toujours est-il que ce dessin est le résultat de cette après-midi bachique?

Voyez donc ces traits… J'avais du génie, ce jour-là; il n'y a pas à dire…

Un coin rustique vers 1850, d'après un dessin.

mais cette anecdote vous prouve mon ardeur, mon opiniâtreté au travail…

Mais continuons nos recherches… Ce n'est pas encore ça; ni ceci; ah… voici! Enfin, je le tiens… Approchez… Voici nos ruines!

— Encore un tantinet académiques, hein?

— Oui, elles datent de mon évolution; je ne m'étais pas encore complètement débarrassé des influences de l'école; mais, si je n'avais point passé par là, jamais je n'aurais pu produire ce que je fais aujourd'hui. Mes choses récentes sont plus attrayantes à regarder, j'en conviens; mais, pour moi, ce dessin-là est bien intéressant. Ah! ce que j'ai peiné la-dessus!..; Croyez-moi; c'est gauche, mais c'est déjà solide, et je construirai encore bien des œuvres sur ces fondations… Regardez donc… Pas mal, tout de même? Ainsi, cette petite grange adossée aux épaisses murailles fait même très bien; il y faudrait

Pont sur le Winkel, d'après un pastel.

deux ou trois figures, une couple de moutons, par exemple. Ah! mon garçon, si ces murs pouvaient parler! Combien de fois ne me suis-je pas assis sur ces pierres! Vers le soleil couchant, je grimpais jusqu'au haut des ruines. Je m'étendais sur le ventre et je fumais mon cigare, jouissant de la splendide vue du pays. J'assistais au coucher du soleil et je ne descendais de mon observatoire que lorsque la dernière lueur s'était éteinte dans le ciel.

Et quand tout était devenu noir et gris, je regagnais ma chambrette et ma couche afin d'être sur pied et à l'air, le lendemain, à la première heure.

— Et le logement était-il convenable?

— Un rêve, camarade. On aurait encore pu en mettre trois auprès de nous deux... Car il faut savoir que nous dormions au grenier, sur de la paille

Au village de la Hulpe (Belgique), d'après une étude.

tendue d'un drap de lit. Ce que les souris s'en donnaient! C'était plaisir à entendre. Mais nous étions trop fatigués pour prêter longtemps l'oreille à leurs ébats... Elles s'en formalisaient faut-il croire, car plus d'une fois nous nous réveillions en sursaut. C'était l'une ou l'autre de ces bestioles qui, sans doute fatiguée de grignoter le grain, était venue tâter de nos orteils ou du bout de notre nez... Vous comprenez que cela nous faisait des nuits assez accidentées.

— Plus originales qu'agréables.

— C'est ce qui vous trompe. Ces nuits ne manquaient pas de charme, surtout que j'en étais arrivé à reconnaître le rongeur qui me frôlait. Attention! disais-je à Mauve: je viens d'allonger un coup de pied à Klaas, et il se rend sans doute auprès de toi!"

Finalement nous nous endormions pour de bon. Il faut croire que nos

Le village de Leende, d'après un pastel.

persécuteurs se fatiguaient eux aussi. Et les premières lueurs de l'aube nous trouvaient debout.

Voyez, donc: voici un autre curieux dessin.

— Il est même très bien, celui-ci!

— Je vous crois. C'est un des meilleurs pastels que j'aie exécutés. C'était par un temps de pluie et de froidure. Coûte que coûte je m'étais risqué seul au dehors. Je fus requis par le „motif" que voilà et me mis en devoir de le fixer sur le papier.

Mes doigts étaient tout engourdis; la pluie dégoulinait le long de mon visage pour tomber sur mes mains, à tout instant le vent ployait mon papier. N'importe, je tenais bon. Vous voyez les traces de la lutte. Le papier est froissé et la pluie a endommagé le dessin... Rentré chez moi, je constatai combien j'avais fait une jolie chose!... Une couple de jours après je m'en fus dessiner le même coin. Cette fois il faisait beau, j'étais assis à mon aise; aussi cette seconde „impression" est-elle loin de valoir la première. J'ai souvent tenté de faire un tableau d'après cette première esquisse, mais je n'ai jamais pu „attraper" de nouveau l'effet, le moment qui font la saveur et l'âme de cette apparente pochade. Comprenez-vous ça?

— Cela remonte aussi à votre séjour à Bréderode.

Une pochade au pastel.

Vous n'y êtes pas resté longtemps?

— Non. Plus tard je me suis rendu à Oosterbeek: après avoir passé d'abord quelque temps à Amsterdam.

A Amsterdam j'avais achevé deux tableautins que je plaçai chez un marchand, comptant bien qu'il parviendrait à les passer à un amateur. Bon... Il les

„A la Douane près de Kortenhoef"

D'APRÈS UN TABLEAU.

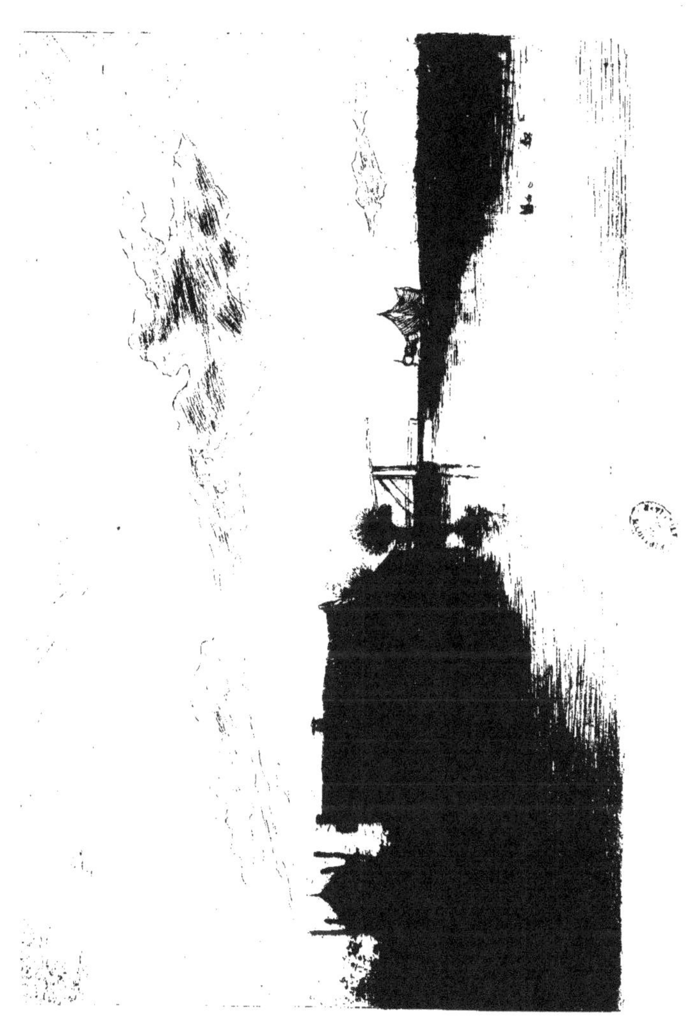

Autour de la mare, d'après un pastel.

Le „Camp du Zwijn" dans le Polder de Kamper. Tableau du musée communal de La Haye.

gardait depuis quelque temps lorsqu'il m'écrivit que les cadres en étaient tout détériorés et qu'il conviendrait de renouveler ceux-ci. J'y consentis, persuadé que le gaillard finirait bien par se défaire de mes tableaux. Un long temps s'écoula encore. Un beau matin le traficant m'invita à venir régler : il avait vendu mes produits. Cela tombait à merveille ; j'avais précisément besoin d'argent. Je cours donc chez lui ... Mais il avait si bien arrangé les comptes qu'au lieu de palper, c'était moi qui lui redevais de l'argent ... Oui, je fut obligé de lui remettre 5 florins pour les cadres et le temps que mes compositions avaient passé à sa vitrine. J'aurais fait une affaire moins onéreuse en déposant mes chefs-d'œuvre contre une borne de la grand'route et en y

Dans le Polder de Vreeland, d'après une étude.

ajoutant même un florin, pour les faire ramasser par le premier venu ... je vous confesserai que, depuis, l'engeance des marchands a encore tenté de m'exploiter de la même façon, seulement je ne me suis plus laissé faire.

— D'Amsterdam vous vous rendîtes donc à Oosterbeek ?

— Oui, peu de temps après la mésaventure que je viens de vous narrer. J'y vécus environ trois ans avec de Haas et Kruseman van Elten. Mais, je ne vous ennuie pas ? ...

— Bien au contraire, ces souvenirs m'intéressent prodigieusement. Plus vous m'en narrerez, plus vous me ferez plaisir.

— Continuons, alors ... Mais d'abord écartons un peu ce portefeuille de dessins, qui nous gêne ... Là ...

A Oosterbeek je fis une connaissance qui, involontairement, exerça assez
d'influence sur la suite de ma carrière ; quelqu'un qui s'intéressait à l'art ;
j'étais loin de m'imaginer alors que cette rencontre m'entraînerait à partir
pour Bruxelles. Tel fut cependant le cas...

— Comment çà ?

— Oh ! c'est toute une histoire. Pour la faire courte, un jour cet amateur qui habi-
tait la capitale de la Belgique, s'informa de moi auprès de Roelofs. Il me commanda
un petit tableau, les *Ruines de Bréderode* je crois. Je terminai le tableau et

Au bon soleil, d'après une étude.

l'envoyai à l'amateur qui m'écrivit qu'il tenait l'argent à ma disposition mais qu'il me
fallait aller le chercher *moi-même*. Je fus donc contraint de cette façon à me rendre
à une invitation qu'il m'avait faite autrefois... mais cette contrainte m'était très
douce. Rien ne me retenait ici, au contraire. Je pris même une grave résolution...

— Et laquelle ?

— De me fixer à Bruxelles pour de bon et de m'y faire enterrer plutôt que
de remettre jamais le pied en Hollande.

— Et non seulement vous ne vous êtes pas encore fait enterrer, mais vous
voilà revenu parmi nous.

— Preuve de l'inconséquence humaine ! mais je m'étais marié depuis, et
j'avais enterré en quelque sorte, par là, le vieil homme...

— C'est une façon comme une autre d'envisager le mariage, mais votre projet avait tout de même reçu un commencement d'exécution par votre exode à Bruxelles?

— Oui, et quand je me fus rendu dans cette ville je m'y trouvais si bien que j'y restai...

— Jusqu'à ce qu'elle eût cessé de vous plaire...

— Ce n'est pas tout à fait ça. Dites-donc, savez-vous bien que vous êtes un questionneur insupportable? Vous m'arracheriez des choses que je ne pense pas!...

— On me l'a déjà dit... mais, pour ne pas faire dévier la conversation, avouez qu'à Bruxelles vous ne cessiez de peindre le paysage Néerlandais. C'est donc que la Belgique ne vous disait rien?

— Rien est exagéré! mais j'avouerai qu'il me manquait là-bas cette atmosphère subtile et fine de nos contrées. Le cas est assez bizarre, n'est-ce pas,

Le Soir, d'après un tableau.

d'un monsieur qui alla habiter Bruxelles pour mieux contempler les mares hollandaises? Cependant c'est ce qui m'est arrivé.

M. Gericke van Herwijnen, notre ambassadeur à Bruxelles, attira le premier mon attention sur les mares si poétiques de notre pays natal. Lorsque des étrangers visitaient la Hollande, pour leur montrer quelque chose de bien local, de bien topique, de tout à fait hollandais il les conduisait dans les „polders."

Il me traita donc comme un étranger, et, il fit bien, car je lui dois la révélation des beautés de notre pays. Grâce à lui je suis allé travailler dans les „polders."

— Comme un terrassier, alors?

— Si vous voulez. Dans tous les cas, bien des jours je piochai plus ferme et plus dur que le plus laborieux de ces castors!

Des jours entiers je ne voyais que l'eau, le ciel, et un paysan; et ce paysan était le propriétaire de la hutte dans laquelle je gîtais. Vous voyez cela d'ici! Ah! métier pour métier, le mien était souvent le plus rude!

En ce moment on frappa à la porte et une petite soubrette vint dire que quelqu'un demandait à parler à monsieur...

— Que dit-elle? interroge Gabriël.

— Quelqu'un demande à vous parler.

— En ce cas, vous m'excuserez un instant; je vous rejoins sans tarder. Entre temps vous trouverez de quoi vous distraire, dans ces portefeuilles... Et, là, dans ce cabinet...

Dans ce cabinet contigu à son atelier le peintre a suspendu, l'une à côté de l'autre, du haut en bas de la paroi, toutes ses saisissantes études.

Dans la plupart scintille le radieux soleil; d'aucunes fixent le moment de

Une chaude journée, d'après une étude.

l'approche d'un orage ou d'une averse, mais toutes, sans exception, célèbrent le plein air.

L'art de Gabriël est, avant tout, soucieux de vérité. Depuis ses débuts jusqu'à ce jour il s'est efforcé de nous dire la nature telle qu'il la voit.

Toutefois l'artiste évite les réalités trop crues, il n'emprunte à la nature que ses aspects agréables aux yeux, et il en résulte une harmonie de lignes et de couleurs qui forme la caractéristique des tableaux de Gabriël.

Il suffit de prononcer le nom de Gabriël pour évoquer les polders de la Hollande, les mares étendues, les larges horizons, les nuages moutonneux ou les grisailles crépusculaires et discrètement ensoleillées, tous ces mirages de la lumière, des eaux et des glèbes patriales, que lui seul a interprétés avec cette émotion. Mais Gabriël ne s'est point confiné dans un seul genre. Il

les a presque abordés tous et il excelle à peindre n'importe quel sujet. Ainsi,
est-il rien de plus vivace et de plus intense que ses fleurs, ses violettes
notamment?

Un canal à Broek, d'après une étude.

C'est en parcourant la série innombrable de ses pastels qu'on se rend compte
du vaste et varié domaine qu'ont embrassé ses études.

Il a travaillé avec opiniâtreté, comme il l'entendait, sans s'occuper du voisin,

en ne prenant conseil que de ses propres yeux et aussi de sa propre
conscience. Il a poursuivi sa voie loyalement et opiniâtrement, et il est arrivé
ainsi à exprimer comme il le voulait tout ce qu'il tenait à dire.

Sa façon de travailler correspond tout à fait à son caractère. Avant de
commencer un tableau, en pensée il l'a distinctement et complètement sous les
yeux, jusque dans les moindres détails, et, en travaillant il ne s'écartera pas
un instant de sa conception première. S'il ne parvient pas à atteindre le
résultat qu'il se propose, il abandonne la toile, la retourne contre le mur,
pour la reprendre au moment opportun, mais cela sans jamais renoncer au
plan originel.

Tourbière, d'après une étude.

Il fait ses tableaux comme s'il peignait une étude d'après nature ; tous sont
devenus tels qu'il les avait composés dans sa pensée.

Une autre caractéristique de son œuvre réside dans la simplicité.

Nulle affectation, aucune recherche de l'effet ; c'est la nature racontée sans
artifices, avec le calme et la force sereine que le peintre goûte précisément en elle.

— Pourquoi tirerais-je vanité de mon talent? a-t-il coutume de dire. Tous,
tant que nous sommes, nous naissons avec certaines dispositions pour l'une ou
l'autre branche d'activité. Nous n'avons d'autre mérite que celui d'avoir travaillé
pour développer les germes que nous avions en nous.

Supposez, poursuit-il plaisamment, que la sage-femme au lieu de m'avoir
lavé avec de l'eau-de-vie me l'eût fait avaler, ou qu'elle eût écrasé sous son gros
pouce ma tendre et encore molle boîte crânienne? Il n'en eût point fallu
davantage pour m'enlever toutes dispositions pour la peinture !

Le seul mérite qu'il se reconnaisse est d'avoir cultivé avec soin et persévé-

rance le don qui lui était échu, et cela, par une étude constante et filiale de
la nature. Il est arrivé ainsi à traduire la nature avec une certaine facilité.
L'art n'est, d'après Gabriel, qu'une imitation de la nature que l'artiste apprend
à voir et à comprendre, à force d'études opiniâtres, et dont, suivant son degré
de sensibilité, il choisit les plus beaux moments et les lignes les plus harmonieuses. La puissance créatrice de l'artiste se borne donc à écarter ce qui
nuit à cette transposition du réel sur la toile et à enrichir l'impression du
moment de tous les souvenirs recueillis par l'expérience.

Une de ses meilleures œuvres est sans contredit la grande toile: le polder
du „Camp de Zwijn" à Kampen, — acquise pour le musée communal de
La Haye. Dans ce tableau il a mis toute son âme et tout son talent; malgré
les dimensions de la toile, le moindre coin est caressé avec amour et vibre
de poésie.

Quant à lui, ses préférences vont à une toile, assez vaste aussi, décorant sa
salle à manger: aux premières heures du jour, avant le lever du soleil, dans
le polder, un coin de terre à l'avant plan, où des filets à anguilles sont mis
à sécher, attachés à des piquets.

La masse du public ne comprend point cette toile, parce que peu de personnes
connnaissent l'endroit qu'elle représente et surtout à cette heure ultra-matinale.

Au nombre des rares personnes aptes à s'assimiler la poésie de cette toile
un peu farouche, Gabriël compte une vagabonde, une de ces pauvresses men-
diantes „d'os et de chiffons," qui, avisant par l'entrebaillement de la porte de
la rue, ledit tableau, accroché alors dans le vestibule, le contempla longuement
et dit ensuite à la servante: „C'est de très, très bonne heure; le soleil n'est
pas encore levé et on a fait sécher les filets à anguilles!"   .

Cette batteuse de chemins, cette „étoile du matin" comme on les appelle
ironiquement en Hollande, était des quelques „élues" qui s'étaient trouvées à
cette heure indue dans ces poignantes solitudes. Et, sans doute, l'exclamation
naïve de cette humble chiffonnière fut plus agréable à l'artiste que maints
compliments de personnages soi-disant très autorisés.

Tandis que je me promène dans l'atelier, je mets la main sur un livre portant
ce titre curieux: *Le Pour et le Contre*.

De quoi s'y agissait-il? Sous ses dehors très simples, ce bouquin cachait peut-
être un mérite peu commun. Au risque d'être indiscret j'ouvris le mystérieux volume.

Le *Pour et le Contre* c'était la collection des articles contradictoires, laudatifs
ou dénigreurs, superficiels ou approfondis, consacrés à l'œuvre de Gabriel dans
les journaux et périodiques.

La série s'ouvrait par un compte-rendu du *Spectator* paru en 1861:

„Que Roelofs et Gabriël appartiennent à l'école belge ou hollandaise,
„il n'importe; leur vision est essentiellement hollandaise. Le premier
„affirme sa tendance connue et ajoute un nouveau lustre à son nom; le

„second révèle sa force et son sentiment délicat dans le „rendu" d'un
„moment bien poétique: la lumière perlée et humide de l'aube dans
„un verger."

Quelques années plus tard on lit dans *l'Etoile:*

„M. Gabriël n'a exposé qu'un petit paysage, mais il est ravissant.

Dans les bois de Bloemendaal, d'après une esquisse.

„Voilà bien la campagne en plein midi, lorsque le soleil darde ses rayons
„tout droit sur les champs et que hommes et bêtes cherchent l'ombre et
„la fraicheur.

Mais le *Handelsblad* ne partageait pas cet avis:

„Le ciel bleu aveuglant et crû du tableau de Gabriël ne charmera que
„peu de personnes. Peut-être plus d'une ménagère a rencontré bleu

„pareil en empesant sa lessive; mais la mère Nature ne produit point
„couleur si déplaisante."
En 1870 un correspondant de la *Gazette de Middelbourg* découvrait que notre
peintre était chaussé de bottes de sept lieues, étant donnés les progrès stupé-
fiants réalisés par lui à chaque exposition, ce qui n'empêchait pas un collaborateur
de *l'Avenir* de dire en 1875:

> „M.M. Dubois, Van der Hegt et Gabriël sont de petites gens qui ne
> „savent rien que reproduire ce qu'ils ont vu."

Mais la même année l'oracle de *l'Avenir* se contredit en ces termes:

> „M. Gabriël nous présente une toile d'une grande fraîcheur de coloris,
> „d'une exécution souple et légère, et d'un très-bon sentiment."

Rein de plus variable que l'homme et ses jugements, et si l'on doutait de
cette vérité, la légion des critiques se chargerait de la confirmer.

En 1878 *l'Echo du Parlement* vaticine:

> „Gabriël continue le cours de sa maladie, les deux paysages violâtres
> „avant le coucher du soleil" et „après le coucher du soleil" manquent
> „essentiellement de vibration et de couleur."

En 1885 un quelconque écrit dans un papier public non moins quelconque
(la découpure ne porte ni signature, ni titre de journal), à propos de deux
tableaux exposés:
„Le dernier est un insignifiant mélange de couleurs, et le premier, rien de
plus qu'une esquisse hâtive." Voilà qui est clair est net. A ce monsieur s'applique sans doute le précepte biblique: les derniers seront les premiers.

Albert Wolf écrit en 1891 dans le *Figaro*:

> „Mais si Israëls est le plus grand artiste de sa patrie et l'un des plus
> „considérables de l'Europe, d'autres peintres encore contribuent au bon
> „renom de l'école hollandaise moderne, tels Artz et Mauve, que la mort
> „vient d'arracher à leurs succès, M.M. C. Bisschop, Ten Cate, et surtout
> „le paysagiste Gabriël, qui est un peintre de belle valeur."

Réunis de cette façon les jugements de la critique ont quelque raison d'être.

— Un drôle de petit bouquin, pas vrai? Vous pouvez y voir ce que le monde
pense de votre serviteur.
— En général ce sentiment vous est assez favorable, m'a-t-il semblé?
— En effet, mais j'ai rencontré le plus de faveur en France et en Belgique.

Dernièrement encore à Paris on m'a fait fête pour ce tableau que vous avez vu en bas. Que cela m'a réjoui!... mais il commence à faire froid ici... Descendons, voulez-vous? Nous retrouverons une couple de bonnes connaissances, avec qui nous reprendrons notre conversation.

Avec Gabriël pas de danger que la causerie languisse. Deux minutes après que nous nous sommes installés dans une des chambres confortables où Mme Gabriël a coutume de recevoir ses hôtes avec une cordialité et une belle humeur éminemment belges, le maître de la maison a repris le dé de la conversation.

Renversé dans son fauteuil, jambes croisées, vêtu d'un complet gris sur lequel le ruban de l'ordre de Léopold met une goutte de sang, il tortille sa barbiche attendant le moment de placer un mot croustillant ou un trait pittoresque.

Car c'est encore là un de ses dons: l'à-propos.

Causeur de nature, il met au service de ce talent son expérience et son érudition. De plus il a le bonheur de l'image. Il est peintre jusqu'au bout de la langue. Le mot propre et suggestif vient-il à vous manquer, Gabriël vous le souffle, plus juste et plus vivant que celui dont vous ou moi nous nous serions contenté.

S'il parle à son tour, à mesure qu'il avance dans son récit il s'anime et la petite calotte de velours brun se livre sur son occiput aux plus étourdissantes cabrioles.

Elle n'est pas un moment tranquille, mais comment aussi demeurer tranquille sur ce crâne toujours en ébullition!

Une fois lancé, une historiette suit l'autre comme les wagons d'un interminable train de plaisir. Ainsi que tous les êtres créés pour l'éternité, notre artiste n'a aucune notion de la fuite des heures.

Gabriël a la parole abondante, aussi la lui ai-je laissée presque tout le temps dans cette notice. Je lui laisse le dernier mot: une réflexion griffonnée avec d'autres sur un bout de papier:

— Pour moi les qualités nécessaires à un artiste sont une grande bravoure jointe à un grand sentiment de probité et à une non moins grande indifférence à l'égard de ce que voient et font les autres..."

GERARDINA JACOBA
VAN DE SANDE BAKHUYZEN.

PAR

JOHAN GRAM.

Raisins, d'après un tableau.

G. J. VAN DE SANDE BAKHUYZEN.

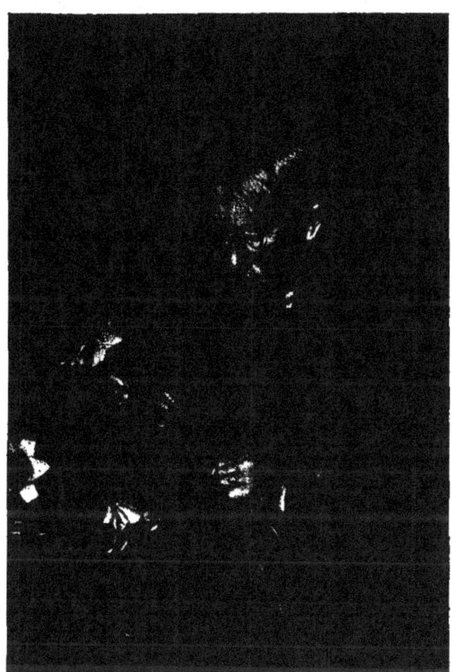

Il y a longtemps que l'art de Mme Bakhuyzen est une chose connue de tous
ceux qui suivent les faits et gestes de notre école de peinture nationale.
C'est avec une véritable jouissance que nos yeux s'arrêtent dans les Expositions
ou dans les Galeries privées sur les fleurs et les fruits radieux rassemblés avec
tant de goût et qui portent le cachet de sa personnalité. Et lorsque, pour l'un
ou l'autre motif, ses pinceaux féconds ne sont pas représentés en ces collections
de peintures, nous ressentons presque péniblement l'absence de ces ravissantes

compositions. Mme Bakhuyzen se distingue de ses nombreuses sœurs qui se sont consacrées à la peinture, avec des dispositions plus ou moins frivoles et superficielles, par des dons tout particuliers et elle brille au premier rang de celles de ces femmes-peintres que leur amour des fleurs a douées du talent nécessaire pour les peindre.

Lorsque dans une maison de peintre comme l'était celle de son père, H. van de Sande Bakhuyzen, l'animalier bien connu, elle s'exerça au dessin, comme en se jouant, il n'avait jamais été question encore d'une jeune fille embrassant publiquement la carrière picturale. Dessiner de temps en temps un rameau de myosotis dans un de ces albums qui faisaient fureur il y a quelque trente ans, ou offrir à l'un ou l'autre parent ou ami une consciencieuse aquarelle à l'occasion de son anniversaire : rien de mieux. C'était là non seulement chose permise mais très encouragée. Mais présenter, hors du cercle de famille, des productions de son talent aux yeux et au jugement du public, était considéré comme un acte souverainement inconvenant et *inproper* pour une jeune dame.

Etude.

Voilà pourquoi, malgré que Mlle van de Sande Bakhuyzen se fût sentie attirée de tout temps vers l'Art et que, sous la direction de son père, elle se fût initiée aux secrets et à la pratique du pastel et de l'aquarelle, elle ne songeait pas du tout, au début, à se consacrer pour de bon à la peinture. Nombre d'élèves dont plusieurs devinrent célèbres fréquentaient l'atelier du père Bakhuyzen. C'étaient les deux Van Deventer, W. Roelofs, Heppener, Van Raden etc. Naturellement la jeune fille n'aurait pu prendre place parmi ces rapins. Elle travaillait donc seule, dans un coin de la chambre de famille, s'ingéniant à reproduire sur le papier les formes et les couleurs aimables des fleurs et des fruits.

Elle taisait à ses connaissances et même à ses amis sa passion invétérée pour la peinture, car, je le répète, il y a cinquante ans, on n'admettait pas qu'une jeune fille s'occupât d'autre chose que des soins du ménage. Broder, ravauder, coudre, tricoter, lire — tout cela était permis; mais une femme, peindre et dessiner, et cela, non par simple passe-temps mais par vocation, par carrière! *Horrible, most horrible!*

Mlle v. d. Sande Bakhuyzen cacha donc à tout le monde qu'elle aimait l'art pour l'art et qu'elle comptait même s'y consacrer entièrement. Elle dissimula sa passion pour ne pas choquer son entourage et aussi pour ne pas être froissée elle-même par le sot préjugé. Elle se livrait en cachette à ses chères occupations, tout à fait comme les premiers protestants à la lecture de

Lys, d'après une étude.

la Bible. Ces cachotteries durèrent jusqu'au jour où l'académie *Minerva* de Groningue ayant ouvert un concours d'aquarelles, le père Bakhuyzen jugea sa fille assez ferrée et assez initiée pour se mesurer dans ce tournoi avec d'autres adeptes de la couleur à l'eau.

* *
*

Autres temps autres mœurs! Il y a un demi-siècle, nous voyons donc une jeune fille artistiquement douée, s'évertuer à cacher au monde qu'elle consacre la plus grande partie de son temps à la peinture. L'opinion publique se prononcerait avec la dernière rigueur contre pareille tentative d'émancipation. La seule perspective de mettre une peinture en vente, d'en toucher le prix, susciterait une révolution parmi la gent féminine de cette époque, vouée au tricot, au crochet, aux aiguilles et au canevas. Aucune de ces respectables matrones ou de ces pudibondes jeunes filles n'aurait même osé croire un instant que des temps viendraient où la femme répudierait à ce point la décence et la modestie inhérentes à son sexe, jusqu'à vouloir se mesurer publiquement avec l'homme dans l'arène artistique et à tenter de lui disputer sa supériorité. Non, comment prévoir pareil cataclysme moral!

Chrysanthèmes, d'après une étude.

Et cependant, nous y voilà en plein, dans cette période d'anarchie. Depuis quelques années la femme — le mouvement féministe aidant — entre en concurrence avec l'homme sur tous les terrains où il régnait exclusivement. Elle tend surtout à disputer au „roi de la création" le sceptre et la couronne artistiques. Au dernier Salon triennal de La Haye n'étaient pas représentées moins de 61 femmes peintres avec 118 tableaux, alors que les envois du sexe laid n'atteignaient que le chiffre relativement restreint de 316. Plus du quart des œuvres était donc fourni par le contingent des „peintresses." C'est une véritable levée de pinceaux et de palettes parmi les filles d'Ève! Bientôt on comptera celles qui ignorent l'art de broyer les couleurs et de laver une aquarelle. On se fera remarquer en n'ayant pas envoyé au moins une toile ou un dessin à l'une ou l'autre Exposition. Les moins douées sont forcées de faire comme leurs amies et de suivre le courant. Il en est chez elles de l'en-

Tournesols, d'après un tableau.

Fruits, d'après une étude.

gouement pour la peinture comme de leur *furia* de cyclistes. A telle enseigne qu'un concert de doléances s'élève dans le monde des maîtresses et des maîtres de musique. Saint Luc supplante Sainte Cécile. Ceci a tué cela! Ce qui eût été considéré autrefois comme inconvenant est devenu distingué, très bien porté. Naguère les fillettes mettaient leur ambition à jouer assez proprement une sonate de Beethoven ou un quatre-mains de Brahms ou Chopin; à présent, sous peine de déchoir et de se faire disqualifier, les chères enfants sont tenues de savoir peindre à l'huile une nature-morte ou tout au moins un bouquet de fleurs!

Sans doute, sous maint rapport, cette passion à la mode est préférable à l'autre. Heureusement la peinture ne fait pas de bruit, tandis que les innombrables pianos nous brisaient le tympan. Les dames, en train de peindre, sont, grâce à Dieu, aussi tranquilles, aussi muettes qu'une souris. Le tapage ne recommence que lorsque le morceau est achevé et qu'il s'agit, coûte que coûte, d'abord de le faire recevoir par le jury et ensuite de le faire louanger par les trompettes de la réclame, à défaut de la critique! Que sont devenues la réserve et la pudeur d'il y a trente ou quarante ans! Que diraient nos aïeules et nos grand'tantes si elles revenaient sur la terre et y voyaient jusqu'à des baronnes et des comtesses mettre de leur

Herakleum, d'après une étude à l'huile.

barbouillage en vente et en toucher, sans vergogne, le prix en espèces courantes ! *Mais où sont les neiges d'antan ?*

* * *

Les *Roses et dahlias* que l'académie *Minerva* de Groningue mettait au concours, devaient, d'après le programme du 7 Mars 1850, être peintes à l'aquarelle. Mme Van de Sande Bakhuyzen remporta le prix avec son aquarelle portant cette légende : *L'imitation de la nature conduit à la découverte du beau.* Ce prix consistait en vingt-cinq florins ! L'œuvre couronnée demeurait la propriété de l'académie *Minerva.* En somme cette académie ne faisait pas une mauvaise affaire. Elle en avait, comme on dit vulgairement, pour son argent. De sorte que les deux parties y trouvaient leur compte. Cette distinction contribua à faire connaître le nom de la jeune artiste ; elle l'encouragea dans son art, elle l'aida à subir stoïquement et même avec fierté le blâme et la réprobation que son entrée dans l'arène publique lui valut de la part du monde rigoriste et collet-monté.

Elle avait commencé à peindre ses fleurs et fruits dans le coin tiède de la chambre familiale et elle demeura fidèle à ses fleurs et à ses fruits. Rien de plus naturel que ce choix et cette prédilection chez une jeune fille ! Quelque liberté de mouvements et d'allures que notre régime moderne garantisse aux jeunes

Pivoine, d'après une acquarelle.

filles de ce temps, certaines difficultés s'attachent pour elles à la pratique de plus d'un genre de peinture. La „peintresse" ne peut s'engager dans les champs avec la même crânerie que le jeune peintre, ou explorer les profondeurs de la forêt à la recherche d'un coin pittoresque. Aussi courageuse et vaillante qu'elle soit, elle ne peut affronter les risques de toutes sortes de peu agréables rencontres. Aux dangers s'ajoutent encore un tas d'ennuis et d'inconvénients. Aussi bien peu de femmes se résignent, pour l'amour de la peinture au plein air, à revêtir, comme Rosa Bonheur, des habits masculins qui leur permettent de travailler sans être importunées ou contrariées, en pleins champs ou sous bois.

Peindre la figure implique, pour la femme, plus de difficultés encore! Il y a quarante ans surtout il ne lui eût pas fallu songer à peindre d'après le modèle! Beaucoup par goût et un peu par nécessité, la jeune lauréate du concours de Groningue s'en tint donc à ces odoriférants et châtoyants modèles, à ces gracieux objets, les plus attrayants de tous et qu'il est si facile de se procurer et de manier. Elle abordait aussi la nature morte.

Mais il y a nature morte et nature morte. Nos peintresses se livrent à une véritable débauche de tableaux de ce genre. Si on ne promulgue au plus tôt une loi de salut public, il n'y aura bientôt plus dans nos bonnes maisons bourgeoises un coin de paroi grand comme la main qui ne soit couvert des traditionnels citrons, huîtres, verres verts, et autres accessoires des prologues gastronomiques. Depuis des années le programme n'a pas changé. L'abondance, la pléthore et surtout l'uniformité de ces toiles ou de ces fresques fait songer à ces pancartes exposées à la vitre des estaminets de Belgique, et montrant la sempiternelle cafetière, le pot à lait, la jatte imposante, avec cette légende: *Café à toute heure* ... De même que l'on s'en tient immuablement, pour dîner en ville, à l'habit noir et à la cravate blanche, de même nos peintresses ne connaissent en fait d'accessoires *nature-mortables* que l'huître placide et ce qu'il faut pour l'assaisonner et l'arroser.

Camellias, d'après une étude.

Azalées blanches, d'après un tableau.

Mme Van de Sande Bakhuyzen fait exception dans ce monde routinier et peu inventif. Avec quel art elle s'entend à ordonner et à varier les éléments de ses savoureux tableaux! Avec quel tact et quelle fantaisie elle assemble, elle assortit ses roses et tulipes, ses azalées et ses violettes, ses pêches veloutées et ses prunes satinées! Elle a beau peindre les mêmes objets, chaque fois le tableau est inédit, renouvelé, par la façon dont ils sont disposés et „mis en page," comme on dit dans les ateliers. Elle possède au plus haut degré ce sens de la „composition" qui manque à la légion des peintres contemporains. Cette inépuisable variété que Chardin et Rousseau apportaient dans l'agencement de leurs superbes natures mortes, notre femme-peintre la déploie

Rose, d'après une étude.

aussi dans ses succulentes et radieuses combinaisons de fleurs et de fruits. Haussée à ce point, la nature morte devient de la très grande peinture. Elle sourit ou elle pleure, elle joue la comédie et le drame. Chardin vous montrera des monceaux de fruits prêts à être mis en confiture, et, sans qu'ils y soient, vous vous représenterez tous les membres de la famille surveillant les stades de cette grave opération; ou il vous étalera une *Corbeille de Noce* qui vaudra le meilleur roman mondain et galant. De même Mme Van de Sande Bakhuyzen nous dit les idylles des vergers et des parterres fleuris. A l'époque où elle s'était dejà vouée complètement aux fleurs et aux fruits, un jour il lui tomba sous les yeux un tableau du célèbre peintre français Saint Jean. Dérogeant à l'habitude de la généralité de ses confrères qui représentent presque toujours leurs fleurs dans un vase, une corbeille ou un panier, Saint Jean enroulait et faisait s'épanouir ses roses aux bras d'une croix funéraire. Ce fut une révélation et une leçon pour Mme Van de Sande Bakhuyzen. Elle s'attacha désormais à la représentation de la fleur vivace et pour ainsi dire mobile, frémissante. Ses fleurs ou fruits ne donnent jamais la sensation d'avoir été cueillis ou du moins ne l'ont-ils pas été depuis longtemps. Ils respirent encore, pourrait-on dire.

Pénétrons, voulez-vous? dans le laboratoire où la peintresse élabore son gracieux œuvre. Comme le *Diable Boiteux* de Lesage, le biographe entre et pénètre partout, et s'il ne va pas jusqu'à soulever les toits, il force les consignes et au besoin les serrures. Nous y voici. Dans l'atelier que Mme Bakhuyzen partage avec son frère Jules, l'excellent paysagiste, elle s'est réservée un coin

„*Roses jaunes*"

dans la possession de Jhr. F. Teixeira de Mattos.

Gladiolus, d'après une étude à l'huile.

à part. Exposée au plein jour de la fenêtre de gauche, se dresse une petite table, sur laquelle repose un bac empli de terre jonché de quelques fleurs à peu près fanées... Voilà tout! L'artiste a-t-elle conçu et créé son tableau en imagination, elle en rassemble aussitôt les éléments: fleurs ou fruits. Puis elle se met à les arranger. Elle les ploie, elle les manie, elle les tasse, elle les chiffonne, elle les patine jusqu'à ce que la réalité présente autant que possible l'apparence de la composition rêvée par son âme d'artiste.

Ce que ce bac rempli de terre est tourné et retourné en tous sens, déplacé, avancé, reculé, avant que la peintresse se déclare satisfaite des lignes, des clairs et des ombres, du mariage de couleurs que présentent ses modèles! L'ensemble répond-il à peu près à ses vœux, vite elle s'installe devant son chevalet pour reporter aussi promptement que possible la composition sur la toile. Car rien n'est plus éphémère que les fleurs, et les glorieuses roses, fraîchement épanouies, à présent dans tout leur éclat, ne représenteront plus demain qu'une dépouille flétrie, qu'une floraison de rebut. Il importe donc de se dépêcher.

Souvent elle découvre dans la nature même l'un ou l'autre coin fleuri qui lui fait immédiatement recourir à ses pinceaux et à sa toile. Son art s'assimile et s'approprie ce coin ravissant. De cette façon ont été peints les pavots de son jardin à Rolde, et les roses qui semblent monter à l'assaut de ce mûr délabré.

Les tableaux les plus „travaillés" de Mme Van de Sande Bakhuyzen ne trahissent jamais la recherche et l'apprêt. C'est là un des grands charmes de sa peinture. Voici par exemple un petit panier de pêches et de prunes qu'on dirait fraîchement cueillies par le jardinier. Des feuilles les recouvrent en partie et débordent du panier pour traîner sur le sol. Voici encore des roses blanches, tout un buisson, qui poussent vigoureusement de terre et éclatent, superbes, dans leur blancheur immaculée. Aucun autre pinceau ne parvient à rendre la transparence, la diaphanéité, la parure délicate et quasi-éthérée de la reine des fleurs. Sous ce rapport, les toiles de Mme Bakhuyzen se distinguent entre toutes les autres. Elle fait vraiment concurrence à la nature et à l'œuvre du Créateur elle ajoute l'émotion et la ferveur de l'artiste, la piété de la femme ressentant profondément les splendeurs offertes à ses extases.

Cette émotion se traduit dans la lumière scintillante dont elle caresse et enveloppe ces pêches superbes, ces poires dorées, ces prunes purpurines. L'admiration prête un lustre de plus à la beauté. La femme aimée est belle surtout à cause des effluves amoureux qui la nimbent et l'auréolent ainsi. Les fleurs et les fruits de Mme Bakhuyzen sont plus beaux que nature parce que l'art les a poétisés et magnifiés.

*
* *

A travers les âges, l'œuvre et le nom d'une seule grande femme peintre du passé sont arrivés jusqu'à nous: ceux de Rachel Ruysch. Quoiqu'elle ne puisse rivaliser avec Van Huysum par l'élégance de la composition et le goût de l'ordonnance, le métier, la technique mis en œuvre dans les fleurs de cette

Les présents de l'automne, d'après un tableau.

artiste imposent une vive admiration. Dans la seconde moitié de ce XIXe siècle
la peinture néerlandaise à été illustrée depuis des années par trois femmes:
MM^{mes} Haenen, De Vos et Van de Sande Bakhuyzen jusqu'à ce que Marguerite
Roozenboom, à l'art éthéré et séraphique, soit venue changer ce trio en un
quatuor. Oui, les femmes sont admirablement représentées dans notre contemporaine pléïade de peintres. A chaque exposition importante, ces femmes
d'élite brillent par des envois de mérite supérieur et justement apprécié. A
leur suite, mais à distance, se sont manifestés quelques autres talents féminins.
Toutefois la masse des peintresses fait plutôt œuvre de dilettantisme que
d'art proprement dit.

Depuis ses débuts Mme Van de Sande Bakhuyzen est demeurée personnelle.
Naturellement son art a subi quelques évolutions. Mais ces évolutions répon-
daient au tempérament même de l'artiste
et à l'essence de son art, et n'étaient
jamais une concession à la mode ou au
courant du jour. Tout en progressant
elle est restée elle-même, réfractaire

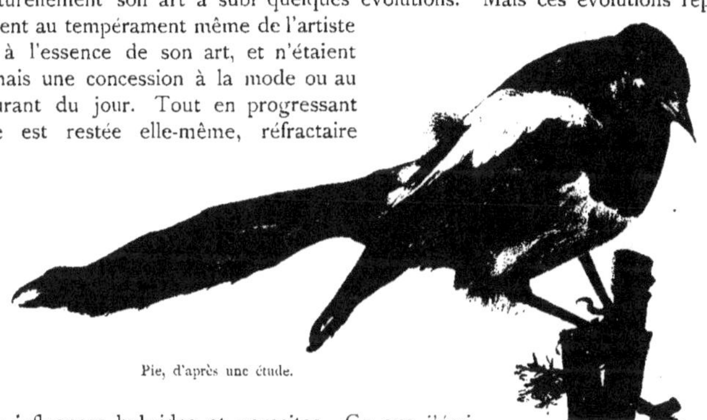

Pie, d'après une étude.

aux influences hybrides et parasites. Ce que j'écri-
vais en 1880 dans *Onze Schilders* (Nos peintres) de Mme Van de Sande
Bakhuyzen, je pourrais le signer encore en 1894 : ,,Elle peint et dessine ses
fleurs et fruits avec tant de santé, de fraîcheur et de naturel que l'on ne serait
pas surpris d'y voir picorer ces oiseaux célestes qui se laissèrent prendre
autrefois aux artistiques mirages d'Apelles." De l'émotion, une exécution
soucieuse de vérité et d'exactitude, jointes à un goût exquis représentent les
dons généreux attribués à cette maîtresse peintre. Sa touche est souple et
ferme, son sentiment des couleurs fin et harmonieux.

Si le public ne connaît d'elle que ses fruits châtoyants et succulents ou que
ses fleurs diaprées, ses portefeuilles contiennent pourtant quantité d'études de
paysages qu'elle a peintes durant les excursions faites avec son frère dans les
provinces de Drente et de Groningue. Jamais elle n'a livré au public ces études
traitées pourtant avec une émotion et un art infinis. Depuis que frère et sœur
passent l'été à Rolde, près d'Assen, elle s'est remise aussi à faire du paysage,
mais toujours pour son propre agrément et sans songer aux suffrages du public.

La même maison patrimoniale où s'éteignit le vieux Van de Sande Bakhuyzen, est encore habitée par son fils et sa fille, le peintre et la peintresse.
Jamais ils n'ont changé de pénates! Cette simple constatation éclaire suffisam-
ment leur vie de travail intimiste et sédentaire. La maison, de style antique,
avec des corridors et des escaliers qui évoquent Pieter de Hooch et Stroebel,
paraît le chantier tout indiqué pour l'activité silencieuse et réfléchie de ce couple
si généreusement doué.

Dans le même atelier où le père peignait ses prairies savoureuses et ses
orées de bois peuplées de bétail, ont pris place le frère et la sœur qui poursuivent, avec leurs tendances personnelles, les saines traditions de leur famille.
A la paroi, parmi des études de Roelofs, Mesdag, Jules Bakhuyzen et des
photographies d'après Rembrandt, est appendu un paysage du père Bakhuyzen,
appartenant complètement à la période romantique. Ce tableau atteste avec
éloquence la variété, le renouvellement, l'éternité de l'art. A la fenêtre gauche
s'est installée la sœur; Jules s'est réservé le milieu de l'atelier.

„L'imitation de la nature conduit à la découverte du beau" telle était la devise
adoptée par l'artiste lorsqu'elle décrocha en 1850 le prix de 25 florins. Cette
devise est restée la sienne. Par cette „sélection dans le vrai" comme dirait
Alphonse Karr, par cette vibrante et pieuse imitation de la riche et féconde
nature, elle n'a pas seulement découvert maintes beautés, mais elle nous a
fait découvrir ces beautés à notre tour, grâce à sa prestigieuse interprétation
du vrai.

Le rang que Mme Bakhuyzen occupe dans le monde artiste a été établi à
la fois par les décisions des jurys d'expositions, les innombrables commandes
du public, les acquisitions officielles. Les amateurs se disputent ses tableaux,
peintures ou aquarelles, non seulement en Hollande mais aussi en Allemagne
et en Belgique. Elle obtint une médaille d'argent à l'exposition de La Haye
en 1857, des médailles d'or aux expositions d'Amsterdam en 1861 et de La Haye
en 1863, d'autres distinctions encore à l'Exposition Coloniale d'Amsterdam en 1885.

Si nombre de dilettanti féminins ont profité des conseils de Mme Bakhuyzen,
jusqu'à présent elle n'a pas formé d'élève proprement dite. Le frère et la sœur
sont trop jaloux de leur intimité et de leur solitude pour compromettre celles-ci
en élargissant le cercle de leurs relations, et, partant, de leurs obligations.
Tous deux demeurent fidèles au but qu'ils se sont assigné: servir l'art, simplement, sans tapage, mais avec sincérité et ferveur d'âme.